「営業」をデジタル化し、「経営」を加速させる、「強い」マーケティング組織のつくり方

デ・スーザ リッキー 著

エベレスト出版

まえがき

本書は、「営業職」が存在する企業で、「デジタル技術を活用した売上向上」や、「それが出来るマーケティング組織づくり」をしたい――と、望んでいる、経営層の方のために書きました。

具体的には、それらを求める企業が、従来型の「足で稼ぐ」「長年の付き合い」「勘と経験」と言った商売からシフトし、デジタルから引き合いをつくり、それを商談に起こし、成約させるという、「現代型のビジネスモデル」に転換し、成果を最大化して頂くために書きおろしました。

とはいっても、一般的なマーケティング書籍にありがちな、大上段から専門用語を並べて、この理論を学ばないといけない、あの横文字を新しく覚えないといけない……という類の話をするつもりはありませんし、そんな事をしたところで、皆様の会社が変わるとも思っていません。

本書ではシンプルに、皆様が、すでにこれまでの企業経営の中で培っておられる、既存の「お客様に選ばれる理由」。それを、現代の市場競争で勝てるように「仕組み化」して、います。

デジタルと言う手段に乗せ、最終的に大きな成果を上げて頂く、そのやりかたを解説して

私には、確信していることがあります。それは、**「商売」とは突き詰めると、結局は、どこまで行っても、「人間同士における、信頼のコミュニケーションの関係でしかない」**と言うことです。

だからこそ、デジタルに作法が変わったからと言って、コミュニケーションが無機質になるわけではありませんし、ＡＩ導入の未来予想図でささやかれるような「人間の存在は完全に不要になる」とも考えていません。ただし、我々の「作法、在りよう」の変化は、必須だと思っています。

数十年前の電車の中では、多くの人が新聞を広げていたのが、現代では、右を見ても、左を見ても、スマートフォンを操作する人ばかりです。ある米国の調査によると、人間は一週間に、スマートフォンの画面を1，500回も見るそうです。一方、在宅勤務もふつうの事になりました。それが、良いとか悪いとかではなく、シンプルに「時代がそう変化したのだから、我々の商売も、それに合わせたコミュニケーションに最適化していく必要

がある」と、申しております。

いま、世の中の「在り方」は激変しています。その中で、デジタル化は、どの分野でも求められてやみません。本書は、企業におけるビジネスの「仕組み」のデジタル化、それを果たすための、「成果を上げる現代型マーケティング組織」を、どのように創っていけばいいのかを具体的に解説しました。

多くの企業が、そのやり方に悩み、時として、袋小路に陥ってしまう。そんなビジネスのデジタルシフトの荒波の中で、本書が少しでも、貴社が成果を出せる羅針盤になれれば幸いです。

２０２１年　７月

デ・スーザ　リッキー

誤解だらけのデジタルマーケティング

本書は、デジタルを活用して新規の引き合い、受注を生む「現代型のビジネス」を実現したい。あるいは、それが出来る営業組織や、マーケティング組織を社内に作っていきたい……。今はさておき、そんな未来をのぞまれる、経営層の方に向けて書かれた「手引書」です。

「手引書」ですから、「とりあえずデジタル展開をしたいから、手っ取り早く外部に任せたい」などと考えている方には向いていません。あくまでもデジタルからの集客や商談創出を①自社において「重要」なものと考え、②なるべく、外部に丸投げではなく自前で行い、③もっと言えば、個人に依存するのではなく、組織文化を作っていきたい。そんな方に向けています。

ところで、みなさんは「デジタルマーケティングを活用して、あるいは、DX（デジタル化）活用で、成果をあげている企業」と聞いたとき、どんな状態、どんな組織をイメージしますか？

①最新のデジタル広告やＷｅｂサイトを活用した獲得施策を実施している企業
②動画やブログなど、話題のデジタル手段で自社製品の紹介をしている企業
③最先端のシステムやツールが導入され、高度な施策ができるようになった企業
④何かのＳＮＳなどの投稿を盛大にバズ（拡散）させている企業
⑤マーケティング書籍に紹介されているお手本のような組織体制を構築している企業

実は、これらすべての回答が「根本的に間違って」います。

私自身、これまで15年以上にわたり、デジタル担当者、マーケティング部長、コンサルタントとして、企業のマーケティング組織構築と運用に関わってきました。コンサルタントとして起業後も3年目ながら、年商10億円程度から、1兆円超の大企業にまで参画し、通算では20社以上の組織構築、50以上のプロダクト、サービスにおけるマーケティング戦略の立案、展開、改善に携わってきました。そして、その都度、様々な企業から、その「成果」を認められてきました。

実は**その中に、これらのお客様は実在し、当初は、皆一様に困られていました。**

では、そんな方々から、私が依頼された「本当の成果」の中身。

「あなたのお陰で、弊社のマーケティングが過去最高の成果を出せました！」

そんな感謝の声を頂くために、欠かせなかった「たった1つの条件」とは何だったのでしょうか。

それが**「企業の売上げ、利益に貢献すること」**でした。

回答を目にされて、そんなの当たり前じゃないか！　そう思われた方もいらっしゃるかもしれません。しかし、重要なのは理屈ではなく**「いま、実際の貴社は、どうなのか？」の方です。**

ひとたび現場に目を向けたとき、貴社の組織の担当者は「資料請求の増やし方」など眼の前の目標に追われていたり、話題作りのためのＳＮＳ投稿に尽力していたり、最先端のシステム・ツールを導入するだけでなんとなく満足していたりと、手段を目的化していませんでしょうか。

組織全体に目を移したとき、営業組織とマーケティング組織が縦割りで、お互いの意思疎通が上手くかみ合っていなかったり、インサイドセールス部隊の所属が定まっていなかったり、あるいはただのテレアポ部隊になっていたりと、試行錯誤を繰り返していませんでしょうか。

本来、貴社が注力すべきことはこれらのような「小手先の話」では無いはずです。全社を通じた、企業活動の本質たる利益追求＝**ビジネスの「仕組み」のデジタル化**。それが出来る組織を作ることのはずです。本書は、その目的を達成したい経営層に向けた導入手引となっています。

どんな企業でも、成果をあげるデジタルマーケティング組織はつくれる

ビジネスの「仕組み」のデジタル化……と聞いて、「そうは言っても今さらデジタルの分野をイチから覚えるのは難しいのではないだろうか」と、頭を抱える方もいらっしゃるかと思います。

しかし、まずは、ご安心ください。デジタル未経験の担当ばかりが集まった組織でも、

ビジネスの「仕組み」のデジタル化＝「成果を上げる現代型マーケティング組織への変革」は、できます。なぜなら本来、マーケティングは「特別な人の専門的なもの」ではないからです。

正直、この業界には「天才マーケター」や「敏腕マーケター」と呼ばれる（または、自ら名乗っている）人がやけに多いのですが、別にマーケターは国家資格でも何でもないので、「名乗ろうと思えば、いつでも名乗れる」のが実際のところです。たとえば、営業一筋のキャリアを築いてきた人が、ある日マーケティング部に配属されたら、その人はその日から（もちろん）「マーケター」を普通に名乗れるわけです。実際、私自身もよく必要と言われがちなＭＢＡや、なんとか検定、なんとか解析士などの資格は一切持っていません。しかし、成果は十分に出していますし、実際、資格を持っていなかったことで、困ったことは、ただの一度もありません。

ここでご注意いただきたいことは、だからと言って、貴社のメンバーが、何度かマーケティング系の外部研修に参加したり、それっぽいコミュニティに参加して当たり障りのない情報交換をしたり、書籍で読んだことをそのままに実行したり、ニュースなどで学んだ最新の手段を導入し続けたところで、**いつまでたっても、ビジネスの仕組みのデジタル化**

＝**「成果を上げる現代型マーケティング組織の構築」は、ままならないと言うことです。**

そのアイデアや施策によって一時的に、貴社の資料請求の件数を増やしたり、反響を得ることは出来るかもしれません。しかし、そういう状態のマーケティング組織が、長く結果を出し続けることは非常に難しいでしょう。理由は簡単で、企業は常に競争にさらされており、厳しい市場で生き残るための手段を、その辺のセミナーや、コミュニティでかき集めたとして、他社もまた、マネが簡単にできますし、皆が行うことで、結局は差別化ができなくなるからです。

いまの時代、そこから抜け出すために必要なことは、**貴社のビジネスモデルを「独自の勝ちパターン」として体系化し、そのうえで「デジタル化」に対応をすること**です。最大のキーポイントは、**「貴社のビジネスモデルは既に存在している」と言う事実**です（でなければ、**貴社はとっくに倒産していることでしょう**）。**貴社は、お客様に選んでいただける理由を「実は既に持っている」のです。**

その事実を支える裏側には、貴社ならではの資産、たとえば、人材、組織、商品、施設など様々なものが存在することでしょう。実際、貴社の優秀な営業マンは、これらの優位なポイントを「営業トークの引き出し」として使うことで、日々の契約を勝ち取っているはずです。

ビジネスの「仕組み」のデジタル化とはつまり、こういった**「そもそも、貴社に存在しつつ、営業の経験や引き出しとして認識されてきた感覚的な何か」を体系化し、デジタルを活用して受注・成約までを実現できる仕組みをつくることを指します**。そして、その仕組みが「組織」により動かされ、徐々に「勝ちパターン」に成長していくことで、新規の引き合いや受注を生み出す貴社オリジナルの「現代型ビジネス」の型と、それを支える「強いマーケティング組織」が完成していくのです。

つまり、ある企業で「ビジネスの仕組みのデジタル化」を行おうとすれば、そこに100社あれば、100通りの「マーケティング戦略」が作られますし、それに伴うマーケティング組織も、100通りできなければ、むしろおかしい話なのです。

そして、そうやって生まれたものであればこそ、その企業のマーケティング戦略には、独自性が生まれ、差別化が利き、模倣が困難となり、その結果、競合に対し優位に立つ、「利益に貢献する、勝てるビジネスの仕組み」ができあがるのです。

本書を手にされた方の中には、「マーケティングについては、まったく知識も経験もない」方もいらっしゃることでしょう。しかし、そういう方であったとしても、これまで社会人、企業人、あるいは経営者としては、ある程度以上のキャリア・経験は積んでこられたはずです。

実際、私が過去に関わったお客様にも、もともとは「営業経験しかない」とか「マーケティングなんて一切、知らない」みたいな方が沢山おりました。というか、そういう方がほとんどでした。

しかし、そんな彼らも、最後は、成果を出せるようになっていきました。

なぜか？　**それは、彼らが学んだのは「ビジネスの仕組みをデジタル標準化する」メソッド、つまり、「本質的なアプローチを行う手段」の話でしかないからです。実際、彼らが市場に打ち出したのは「自分たちがもともと勝ちパターンだと分かっていたものを具現化し、デジタルの作法にあわせただけのもの」だったからです。**その呼称が、たまたま現代では「(デジタル) マーケティング」と呼ばれているに過ぎません。

だからこそ、「現代型のビジネス」の型は、貴社にも、もちろん作ることができるのです。

目次

第1章

「ビジネスのデジタル標準化メソッド」がマーケティング組織を激変させる

1、九割の人が、マーケティング組織の「一番大事な仕事」を勘違いしている

・マーケティング組織の「一番大事な仕事」を間違えてはいけない

「現代型のビジネス」の実現、ビジネスの仕組みのデジタル化。それを果たすための「成果を上げるマーケティング組織の構築」について、みなさんに正しく理解していただくために、まずは、よくある現代の「上手く行っていないマーケティング組織」に触れていきたいと思います。

これは、私が、すでに**デジタル施策を展開しているマーケティング組織が存在しつつも「売上寄与」という本来の成果を出せずに伸び悩んでいる**クライアントの経営者さまから相談を受けた際の、「組織全体の」よくある「課題」と「理由」についてのケーススタディだとお考えください。

さて、まずそういう組織で、はじめに「現場」に対してヒアリングを行うと、よく出てくるお悩みの声があります。その代表的なものが以下の2つです。

「部署のデジタル施策の予算達成をしているが、マーケティング予算がぜんぜん増えない」

「実は、現場は頑張って働いているが、経営層に成果を認めてもらえていない」

もちろん、現場の本人たちが不満を感じている通り、経営側は、自社におけるマーケティング組織の成果に満足していません（まあ、だからこそ私に相談があったわけでして、すでにここにギャップが存在するわけですが……）。とにもかくにも、そういう状況であればこそ、企業は、予算も人員も増加させず、様子見をされているケースがほとんどです。

この状況、誤解を恐れずにハッキリと解説をお伝えすると、こういう企業での経営側の認識は、正しくは、デジタルを活用して新規の引き合い、受注を生む「現代型のビジネスを実現するために、ビジネスをデジタル化することは必要だと感じているし、だからこそ、マーケティング組織も作ってみた」までは理解、推進されていることがほとんどです。

そして、そこまでは現場でも理解されている共通認識となっています。

問題のポイントは、経営層にとって「ただ、いまいち、実際のマーケティング組織が何をやっているのか、もっと具体的に言うと、彼らの仕事が、売上にどう寄与しているのかという本質的なところが良くわからない」という部分です。

経営層は、マーケティング組織に課題が「おそらく存在していること」はわかっていながらも、その解決へのアプローチの部分、つまり「売上寄与を可視化するために、何を現場に伝え、どう改善してもらえばいいのか」という指示の方が、わからない。だからこそ「そこの改善を、現場でどうにかして欲しい」と本音では思っています。

ところが、残念なことに、そういった事情は一般的にはとても「言語化しにくい」ため、マーケティング組織の現場側は、そもそもその経営側の思いを理解できていません。だからこそ、現場は現場で、起きている問題の解決の糸口も見えなく（あるいは、自分たちに課題を解決しないといけないと言う意識そのものがなく）なっています。

そんなすれ違いの結果、担当者は「自分たちは（目の前の）」目標達成を頑張っているのに、人員や予算が増えない。だから、これ以上、自分たちに出来ることはない」などと、結論を出してしまいがちになります。

当然ながら、そういう企業では、ビジネスの「仕組み」のデジタル化は、まったく推進できていません。結果、立ち上げたときの組織と、従来型のビジネスモデルのまま、長きにわたって「なんとなくデジタル系の施策だけが実行されている状態」に陥ってしまうのです。

一方、世の中には現在、マーケティングを活用してすばらしい成果を上げている企業も存在します。その多くは間違いなく「最初は何もないところからスタート」しました。

先のような課題を抱えている組織も、将来的に「成功している企業」のようになっていくためには、やはり組織全体のありようが変わらない限り、そうなっていくことはできません。

さて、そうなると、デジタルを活用して新規の引き合い、受注を生む「現代型のビジネス」を実現するためには、現場、または経営層のどちらかが、先に「何か」を「変わる、あるいは変える」必要があります。

一見してこの状況は、「鶏が先か、卵が先か」に見えるのですが、さて、あなたは、どちらを「変える、あるいは変わる」ことが、あるべき姿だと思いますか？

実は、このケースの場合、経営層の見解は意外に「鋭い」ことが多く、実際に、マーケティング組織の現場側を確認してみると「なるほど。これは、予算が増えるわけがないな」と思ってしまうようなマーケティング組織の現場運営がされていることが、非常に多くなっています。

ただし、これは「現場側」だけの問題ではありません。

そこに行き詰まってしまう理由のほとんどが、組織全体が「マーケティング組織の一番の仕事を理解していなかったこと」が原因だからです。その結果、現場が目先、小手先の手段にこだわってしまっていた……という話なのです。

ところで、私のクライアントのマーケティング組織は、立ち上げ以降、基本的には、ほぼ、マーケティング予算を年々増加させ、あるいは期中にすら増加させます。アグレッシブな施策を行う中で経験を積み、成果を生み出し、経営層にも正しく寄与度を理解され、企業内でも高く評価されていき、さらに大きな予算を……と言う好循環を作り出すことに成功しています。

まったく同じように、「ビジネスの仕組みのデジタル化」を目指してマーケティングの仕事をしていても、成果にこれほどの差が出てしまう理由。それこそが「マーケティング組織の一番の仕事」をこなしているか否か？　に他ならないのですが、さて、その中身とは何なのでしょう。

突然ですが、ここまで読まれたあなたが、マーケティング組織のトップ（部長）だったとして、「あなたの一番大事な仕事は何ですか？」と質問をされたら、どんな回答をされるでしょうか。

①様々な戦略の絵をかいて、予算を確保すること
②書籍やブレーンの知見を参考に、部下から上申された稟議を承認すること
③いわゆるマーケティング組織を運営し、与えられた部署の予算を達成すること

回答は色々ありますが、私は、これまでの経験から、「マーケティング組織のトップの一番大事な仕事は、その企業のファンドマネージャーであること」だと、皆様にお伝えしています。

そして、弊社では、クライアントにもそうなって頂くように求めています。事実、それができた人たちは、立派にマーケティング組織を成長させ、企業に貢献する成果を生み出しています。

さて、それでは、なぜ、成長のカギが「企業のファンドマネージャーであること」なのでしょうか。企業のファンドマネージャーとは、いったい、皆様が「どうなること」を指しているのでしょうか。

実は、過去から現代までの会社組織全体を見渡した時、それが開発だろうが、バックオフィスだろうが、フロント営業だろうが、カスタマーサポートだろうが、基本的には、ほぼすべての組織における**事業活動の基本は「お金を稼ぐために活動し、使うことはなるべく抑制すること」**です。

ところがそんな中、マーケティングを行う事業部だけが、「アグレッシブに予算を確保し、投下し、成果を上げる」という「真逆」の事業活動を行っています。

つまり、マーケティング組織は、企業にとって、そもそも存在そのものが「異端」です。**まず、マーケティング組織に所属する人間は、自分たちがこの「真逆の立ち位置」に立っているという事実を正しく理解しなければなりません。**

たとえば、次の言葉は、営業ひとすじでキャリアを重ねた方が、マーケティングの責任者をされた際におっしゃっていたことです。

「営業は予算を達成していたらそれで良い。極端な話、達成なら理由は説明しなくていい。でも、マーケティング部は別だ。お金を使う部署だからこそ、それが上手く行っていようが、失敗していようが、使途を説明して、原因まで特定して、状況を説明しないといけない。これは大変だ」

この発言は、現代のマーケティング組織が何たるかを、鋭く述べていると思います。

これこそが、客観的に見たときの企業における「マーケティング組織」の立場です。その存在は、その企業において、ほぼ、唯一無二と言って良いでしょう。

だからこそ、マーケティング組織は、経営に求められる次の「暗黙のルール」を達成せねばなりませんし、経営サイドも常にこれを求めなければなりません。それが、

「(予算を)与えられたからには、使いきらなければならない」
「(予算を)使うからには、会社を儲けさせなければならない」
「(予算を)使った成果を、経営陣に、わかるように説明しなければならない」

という3つで、どれもお金を出す企業からすれば、当然の要望と言えます。

マーケティング組織が、「これだけの予算をください」と言って、わざわざ予算を確保している訳ですから、使いきれないとなると意味が分かりません。かといって、達成するために過剰な予算を確保するわけにもいきません。むろん、使いきれずに、予算未達というのもただの機会損失になってしまいます。つまり、企業経営にとっては、いずれも「言語道断」なわけです。

また、お金を使うからには、売上に寄与してもらわないと、当然、企業は困るわけです。もっと言うと、その使い道の「正しさ」を企業に対して説明し、「合理性」「妥当性」などのお墨付き（判断・決裁）をもらわねば、せっかくのプランも、実行すらままなりません。

正直、十数年前までは、こういうことは、そこまで細かくは、チェックされていなかったと思います。なぜなら、ひと昔前までなら電話や、対面で営業に行き、商談をたてて会話をして、その場で話をトントンと進めていた……つまり、「商売の起点と終点（売上）」が近かったからです。

ですから、その時代なら、企業が資金を投じて、何かしらのプロモーションを仕掛けたとしても（自分たちの成果を緻密に数字で追いかけなくても）、たとえば、現場の行動量を追うだけでも、自分たちの施策の成果を、なんとなくは把握することが、ある程度はできました。

ところが、現代は手段も技術も複雑化され、人々は色々な接点から商品を認知し、検討をおこない、あるいは、Ｗｅｂサイトやクチコミなどで「比較」をするようにすらなりました。

たとえば、みなさんがお買い物をするとき、昔は（私たちが子供だった頃には）デパートにいって、その場で、目の前にあったものを買い物していたのが、現在は大手通販サイトや、価格情報、口コミなどを入念に調べてから、「もっともお得な方法で」買うようになっていますよね。

まさにこういった「当たり前の変化」が、みなさまのビジネスでも「当たり前」になったのです。

そのような、情報や、購買までのプロセスの複雑化の事情もあって、現代のマーケティングで「売上貢献」を可視化するための作法は大きく進化しました。

これまで貴社のマーケティング組織が「ざっくり」やってきたこと（たとえば展示会の来場者数が賑わっていた……という報告で終わっていたとか、チラシをなんとなく全部配ったみたいな報告）や、なんとなく認識していた「感覚」を、「きっちり」と数字で理解するルールに変更しなければならなくなったのです。

つまり、人間の行動の複雑化、多様化、デジタル化、に併せて、ビジネスの在り方も、中長期的な戦略で「貴社の独自性」を理解してもらいつつ、その一連のユーザーの行動（流れ）を評価できる体制を構築しないと、競争で勝てなくなってきたということです。

それは、さながら、アナログ時計を見ていて、なんとなくざっくり把握していればよかった時間を、デジタル時計で、はっきりと秒単位まで把握しなければならなくなったような変化です。

マーケティングとデジタル化が、現代ビジネスにおいて「一緒に語られることが多い」

理由の1つは、これです。すでに一般行動になったデジタル（メールやＷｅｂサイト）を活用したマーケティング施策を行うことは、イコール「デジタル施策」でもあるため、「施策の成果を、常に数字で把握する」ことを容易に実現させるのです。

そして、それは同時に、**貴社が「売上寄与＝投資対効果」を迅速に把握することにより、正確な状況判断を行いつつ、経営のスピードを上げられることもまた、意味するのです。**

たとえば、Ｗｅｂサイトで発生した資料請求が50件あった時、その後、何％の確率で商談になるかといったデータをきちんと把握することが、現代における、経営判断の指標になります。

優秀なマーケティング組織のトップは、この現代型ビジネスにおける「施策」と「数値化」という両軸でのデジタル化を抜け目なくこなし、自社のマーケティング組織の活動を評価することができます。さらに、それのみならず、一歩進んだ話まで進めることができます。

それは、組みあげたプラン（勝ちパターン）で成果を生み出せているとき、より多くの予算を「確保する」提案も報告するような攻めのアクションです。つまり、彼らの手にかかれば、期中での予算増枠ですら可能にさせるのです。

たとえば、1件で、百万円の利益をもたらす「受注」を、わずか十万円という費用で生み出せている「勝ちパターン」を企業（経営者）に証明できたとしましょう。

そうなると、**ほぼすべての経営者が、「いいぞ！　十万円でいけるなら、その金額でとれるだけ取ってこい！」と言う指示を、（遅かれ早かれ）出すことになるでしょう。そして、その際にはマーケティング部の予算は晴れて増額され、その企業の経営（ビジネス）も、デジタル化により、加速していることになります。**

そう言ったスキームが稼働しているとき、組織にとって、マーケティング予算は「コスト（消費）」ではなく「投資」として理解されます。この図式が成立すると、当然ですが先に言われていたような、「予算が増えない」だの「成果を認めて貰えない」だのと言う問題は現場で発生しません。

しかし、世の中では残念なことに、この「根本的な認識」と「それにともなう標準化」が、まずもって組織の中で出来ていない（というか現代の複雑なビジネスモデルに対応していない）ことが非常に多く、従来型の（成果の結びつきが見えにくい）報告が日々、上申されてしまうのです。

結論、そのせいで経営陣が、「マーケティングは難しい」とか「マーケティングはよくわからない」と考えてしまったり、そこに使う予算を「コスト（消費）」としてとらえていたりします。あるいは、使う側の張本人たちが、その説明責任を認識していなかったり、あるいは、使うことそのものが目的になって、目の前の結果の良し悪しに一喜一憂してしまっていたり……となってしまっています。これでは、そもそも「現代型のビジネス」が、上手く行くはずがありません。

デジタルを活用して、引き合いを増やし、商談を生み出し、受注を得る。

単一の部署の施策ではなく、貴社の「ビジネスの仕組みそのものをデジタル化」していく。

そういった「現代型のビジネス」＝「ビジネスのデジタル標準化」を成立させるためには、そもそも、自社のマーケティングに対して「投資」と「回収（売上）」の概念を持たねば、スタートラインにすら立てないと言うことです。

逆に考えれば、いままで、漠然とデジタル施策にお金を「コスト（消費）」として投下して、なんとなく施策を回していた組織・企業からすれば、この「気づき」は大きなチャンスとなるはずです。

この大前提に気づいただけでも、少なくともスタートラインには立てていますし、多くの企業が迷走するきっかけとなっている「我々は、どこを目指すべきか？」という方向性も明確になっているからです。

そして、その正しいゴール（投資回収と売上寄与）を目指すことこそが、貴社が今後、大きな飛躍を遂げる「売上に対して成果を上げるマーケティングの勝ちパターン」を構築するための第一歩でもあることは、言うまでもありません。

貴社にとっての「ビジネスの仕組みのデジタル標準化」は、まさに、ここからはじまるのです。

2.マーケティング未経験の集団が、ビジネスのデジタル標準化を完成させるまで

・ありふれる2つの課題。「間違ったKPI」と「営業コンフリクト」と、その対応策

売上に対して成果を上げるマーケティング組織の構築、ビジネスのデジタル標準化を行う最初のステップでは、今までのやり方をいきなり激変させる必要もなければ、非常に特殊な（あるいは高度な）マーケティング知識を覚えて頂く必要もありません。

ただ、シンプルに「視座（目線の高さ）」や「視点」を適切なタイミングで、適切なものに変え、それを実行するための「小さなデジタル化」をするだけでも、組織（ビジネス）の改革は動き出します。そうしたことをご理解いただくために「見る数字と、見せる数字の意識」を持つことで本質にたどり着き、最終的に全社プロジェクトを稼働・推進させたA社の例を紹介いたしましょう。

A社とは、弊社が設立した年にお会いしました。当初、お話を頂いた際には、この組織にはマーケティング未経験者の方々が集められた中で、どうにかデジタル施策の推進をし

たい……と言う話になっており、組織だけが作られ、どうにか、お手盛りでお仕事をされている状態でした。

プロダクト（売りたい商品）は、決まっており、ある程度のデジタル系の施策が走ってはいました。しかし、代理店のレポートを拝見しても、お世辞にも改善につながりそうな報告にはなっていませんでした。端的に内容をまとめると「今月も弊社は頑張りました」みたいなレポートを受領している状態となっていました。定例会も、そのレポートを延々と読み上げるだけでした。

何よりも問題だったのが、この商品は、お客様からの問い合わせを自社のＷｅｂサイトで受けた後に、営業が電話をかけ、商談を作り、売り込みを行う……というビジネススキームだったのですが、営業グループそのものが、マーケティング組織からの「引き合いの精度」を（過去の実績、経験から）イマイチ信じていませんでした。その結果、お問い合わせの対応が後手にまわったり、あるいは対応すらしていない……と言う状況になし崩し的に陥ってしまっていました。

結局、営業グループは、必要なタイミングに自前でコールアウト（架電）を行い、商談を作る、あるいは、自分がなんとなく気になる引き合いにだけ対応する……という従来型の営業スタイルで、それも各営業担当のモチベーション（やる気）に左右されて仕事をしている状態となっていました。

さて、皆様の企業では、こういった事は起こっていませんでしょうか？

実は、これは「企業が非常に陥りがちな課題のケース」のひとつです。

一般的に、そういった問題がおきている企業のマーケティング組織の持つ、ＫＰＩ（中間指標）は、たとえば、自社の商品のページの閲覧数（ＰＶ・ページビュー数）であったり、資料請求の引き合いの件数（リード数）であったり、あるいは、商品カタログや、技術資料、事例集など、関連書類（ホワイトペーパー）のダウンロードされた件数などだけを追っていることがほとんどです。

実際、Ａ社でも、これらの指標で、自社のマーケティング成果を管理されていました。そういう組織では、当然、担当者らの仕事の評価軸も、それにならっています。たとえば「どれだけたくさんの資料請求をしてもらえたか？」や、「どれだけたくさんの人にセミナーに来てもらったか？」など、自分たちの目線が行き届く範囲に注力しています。

それ故、そのマーケティング組織内では、営業などといった後工程のことが考えられることはほとんどありません。いつしか、担当者も「作った引き合いが処理されないのは、営業側の問題だろう」と自然に考えるようになってしまいます。

しかし、そうなってしまうのは、その担当者や当該部署だけの問題ではなく、実は、そもそも「ルール設定」が間違っているからに他なりません。

このような企業では、組織として、自部署の目標の数を増やすことだけを「正解」だとルール設定している訳ですから、彼らがそれを「追いかける事」は業務として当然ですし、だからこそ担当者も「自分たちは、自分たちの役割を果たしている」と信じてしまうわけです。

ただ、残念なことに、マーケティング組織がこの状態では、会社全体としてビジネスの流れを俯瞰した際、マーケティングの組織と営業グループの話が、かみ合うことはありません。

各々の「視点」が、まったく違うところにあるからです。

そもそも、ほとんどすべての企業では、営業グループは、基本的には(当然ですが)日々「一定期間内の売上」を追いかけています。そして、先にあげたようなマーケティング組織の施策（たとえばデジタルを起点とした、資料請求の獲得）は、本来ならば、ほぼ間違いなく、営業を助ける「売上に寄与する確率がある話」のはずです。

ところが、A社では、ここに**問題が存在します。それは、A社のような状況では、引き合いの確度が数字で可視化されていないため、その引き合いを受けた営業担当者が、その「温度感」を正しく識別するためには、「実際に架電してみる」というアクションをする以外の手段がない**のです。

だからこそ、当事者である営業からしてみれば「こんなくじ引きみたいなことをやっていられるか」と思ってしまうのはある意味当然です。結果、A社では、せっかく引き合いを作っても、1週間、2週間と、折り返しの連絡をすることが放置され、獲得できるはずだったものも、獲得できなくなってしまう悪循環を生み出していました。

と、言うことで、そのような「あるある」がA社の状況だった訳ですが、この組織に、弊社が行ったテコ入れこそが、まさに**「ビジネスの仕組みのデジタル化」でした。**

まずは、小さく。**マーケティング組織のみならず、その前後に関連する**業務で発生するプロセスをデジタル（数字）に変換・管理し、**「見る数字、見せる数字」をケースバイケースで使い分ける考え方を、導入してもらいました。**

とりあえず、A社のマーケティング組織には、自分たちの管理する数字をそのまま扱うことは、自部署の業績評価のとき以外のタイミングでは、なるべく自重してもらいました。そして、その代わりに、相手に見せるとき、たとえば代理店、ならびに自社の営業グループと会話をするとき、あるいは経営陣に対しての説明をする際には、「見せる数字」の項目を少しずつ「相手の立場に合わせて最適化して貰うこと」をお願いしました。

弊社ではこれをよく「翻訳」と呼んでいるのですが、要は「相手の理解しやすい言葉（指標）で伝える」と言う、言われてみれば非常にあたりまえな対策です。

たとえば、経営層に報告をするとき、「資料請求の獲得件数」を報告しても、自分たちの成果を正しく「理解してもらう」ことは出来ません。

そこで、経営層と会話をするときには、自分たちが普段扱っている指標を「自分たちの仕事が、会社の利益にどのくらい貢献しているのか？」という数字に変換して伝える手段を教え、そちらを意識して使って貰うようお願いしました。

同様に、営業グループに対する報告では、発生しているお問い合わせの種別に応じた、アポイントの獲得率や、商談化率を計測・開示し「どれを優先すれば、商談、成約につながるか？」を数字で「見える（デジタル）化」し、報告していきました。

そうすることで、各営業担当は、自分たちが売り上げを伸ばすために、マーケティング組織が用意した施策の「何を優先的に対応するべきか？」を、ひとめで判断できるようになります。

代理店に対しては、ページの閲覧数などの「彼らの用意している指標」ではなく、引き合いを獲得した単価（効率）および、その先の実際の商談化率などの「自社の最終的な評価軸」を算出し、共有してもらいました。

そして、「本質的な売上に寄与する事だけを評価する」というルール策定と、それを達成するための運用を行って頂くようにお願いしていきました。

まず、第一段階で「自分たちから変わる」。これによって、組織全体は「自分が普段から見ている、良く理解している」数字で会話ができるようになりました。マーケティング組織からすれば「自分たちの成果が、その前後で、どうだったのか？」を相手の組織に、正しく理解してもらえるようになったのです。

それにより、組織間が一歩踏み込んだ議論をできる環境（素地）をつくったんですね。

これにより、A社の部署と部署の間に、あるいはA社と外部事業者の間に発生していた「言語の溝」を埋めるための「共通認識を持つための橋」を掛けることができました。

このケース、本当に小さな変化ですし、みなさまにおいても「明日からでもできそうな」事だと思います。さて、それでは、実際にこういう仕組みを取り入れたことで、組織はどう、変わっていったのでしょうか。

導入から数週間、A社で何が起こったのかを見てみましょう。

・「つりあう」関係が「つながる」マーケティングを作り出す

さて、たったこれだけから始まったデジタル化でしたが、成果はほどなく出てきました。

実は、ビジネスのデジタル化において、もっとも素晴らしいことの1つは、まさに文字通り、あらゆる施策が「デジタルの数字になる」事です。結果的に、**誰から見ても、公平、公正な評価が出来るようになります。**つまり、デジタル化をされた数字で議論をすると、声が大きい人だから意見が通る、とか、役職が偉いから、その人の意見が通る、と言ったような理不尽な人間関係（あるいは社内政治）に振り回されることが、激減します。公平、公正なルールの中で計測された無機質な数字だからこそ、逆に高い信頼性を持って、各担当に受け入れてもらえると言うことです。

実際、A社でもこれらの改革の甲斐もあって、営業グループがマーケティングのWeb施策からの引き合いを「売上」と言う軸で見ることができるようになったため、確度の高そうな引き合いに対して、積極的に営業活動をしてくれるように、徐々に空気が変わっていきました。

もともと筋の良さそうな引き合いに対しては、各人がそれぞれの感覚で対応していたのですが、これも、機械的に計測して、マーケティング組織から、積極的、定期的に数字を開示。適宜、成果報告をするように変えていきました。

特に記憶に残っている会話があります。A社の、営業部長との会話です。

その会話では「ある特定のWeb施策で発生した資料請求からのアポイントの確率」についいて、マーケティングの部署から、

「いくらくらいだと思いますか?」

と質問をしたのですが、その際、営業部長から帰ってきた答えは、

「だいたい、75%くらいじゃないですか?」

と肌感での回答を返されていました。

しかし、実際の資料請求からのアポイント率は、実は「90%近く」もあったのです。その事実を知った営業部長の目の色が、その瞬間から変わったことは言うまでもありません。

また、これらの数値化は、営業グループに、別の効果も、もたらすことになりました。

あたりまえですが「どうせ獲得できない」と思って、架電をさばくのと「この問い合わせは筋がいいらしいから期待して電話してみよう」と思いながら電話をかけるのでは、その後のアポイント率などに、大きな差が出てきます。

まず、「確実にとれるところから、しっかりとる」と言う「ビジネスの当たり前」が、デジタル化を取り入れ、管理することが出来るようになったことで、マーケティングの組織がデジタル施策から生み出す引き合いは、組織全体に一定の信頼を持ってもらえるようになりました。

また、代理店との関係においても、より「本質的な」議論ができるようになりました。相手の用意した「たくさん誘導しました」という成果については評価せず、本質的な売上寄与を数字で開示するようになったことで、正しいゴールを目指してもらえるようになったのです。

たかだか、業務プロセスを「デジタル化の作法にならった、正しいテコ入れ（数値化）」をした、第一歩だけでも、これだけ企業・組織の在りようが変わっていったのです。

・デジタル化は、様々なものを数値化し、企業を変える

さて、A社の組織には、徐々に勢いがついてきたので、次のアクションに移っていただくことにしました。それが、デジタル化した数字の概念を、より「広くとること」でした。

たとえば、その中の1つに「時間」の概念があります。

これまで、A社では「いますぐ商談になりそうな見込み顧客」だけを相手に商売をしてきましたが、ある程度、マーケティングのフェーズが進むと、これだけでは頭打ちになります。

そういう組織では、次に「いますぐではないが、3カ月後には引き合いになりそうな顧客予備軍」を特定するなどの、戦略を持った展開が徐々に必要になってきます。より広く戦略を組むのならば、「1年後に引き合いになりそうな顧客予備軍」を抱えてもかまいません。

「いますぐ営業をすれば50％の確率で受注できるが、失注する可能性も高い。ただし、営業をかけずに、3か月待つと、この見込み顧客とは、90％の確率で商売を作ることができる」

たとえば、もし、そんな「勝ちパターン」のデータを事前に知り、状況判断ができるようになったとしたら、貴社のビジネスのデジタル化は、第二段階に移ります。

むろん、この状況に対する対応の正解は「ケースバイケース」と言うのが正直なところです。

なぜなら、たとえば同じ企業でも、決算月で、どうしても今月売り上げを立てたいのであれば、50％の確率でも商談を持ちかけることでしょうし、予算に余裕があれば、「待つ」と言う選択肢をとることになるだろうからです。

ここで重要なポイントは、ただ、ひとつ。

それは、A社が、そのような、もともと「偶然」と捉えていたり、なんとなく肌感覚だった空気感を、ビジネスをデジタル化したことで「数値」として計測・理解できるようになったこと。

つまり、A社は、**数値から、戦略的な状況判断が出来るようになった……と言う「事実」です。**

・数値化に次いで行う「言語化」と「仕組み化」

ここまで、デジタルを取り入れてビジネスが回るようになれば、組織内におけるビジネスのデジタル化は、確実に、次のフェーズに足を踏み入れたと言っても良いでしょう。

実際、A社でもこのフェーズに入ると、組織全体のビジネスのデジタル化についての温度感は上がり、各営業担当が、自発的に数値を確認したうえで企画に参加してきたり、あるいは相談ごとを持ちかけてくるようになりました。

詳細は後述しますが、このフェーズで投下されたのが「言語化」と「仕組み化」のプロセスです。端的に言うと、これまでは優秀な営業マンだけが個々で持っていた「知識」や「経験」を整理し、誰もがそれを「自社の強み」として営業できるように体系化していくことです。

この話をすると、「それって、営業の仕事がなくなる（奪われる）のでは？」と、恐怖や不安を口にされたり、悩まれる方もたまにいらっしゃいます。しかし、まずもってその心配が現実になる事はありません。少し考えればわかるのですが、そもそも、営業が必要な企業が、Ｗｅｂサイト上やメール配信からの情報「だけ」で、商談も無しに「受注」することなど、ありえないからです。

実は、経験上、ビジネスのデジタル標準化をすることによって最も喜ぶのは、営業グループ（もっと言うと優秀な営業マン本人）そのものだったりすらします。

なぜなら、これまで、いちいちお客様に連絡していた細かいコミュニケーションを、Webサイト上に集約したり、メール配信で自動化したり、あるいは、先方に送付していた情報をオンラインの資料に落とし込むことで、むしろ、営業本人の「無駄な作業時間」の削減が進むからです。

要は、非常に優秀なミスをしないアシスタントがついたようなもので、業務の無駄もケアレスミスも無くなることで「どうでもいい仕事が、どんどんなくなる」と言う状態になっていきます。

結局、ビジネスをデジタル化する……と言うことの本質は、デジタルでビジネスの「引き合い」を作りつつ、人間の「ルーチン作業・余計な工数・手間」などを極力最小化し、無駄なく、最短で、成果にたどり着けるようにすることに他なりません。**ビジネスのデジタル化とは本来、人間が、「やるべき大切な仕事」に注力するための一助なわけです。**

「現代型ビジネス」の実現や、「ビジネスの仕組みのデジタル化」と言うことは、そういったもろもろの「最適化、効率化、数値化」が完成された状況のことを指すのであって、決して、小手先のデジタル施策や、手段（デジタルツールの導入・デジタル施策の活用）の話では無いのです。

・そして「循環」へ。上手くいく企業のマーケティング組織はここが違う

さて、もう少しだけお付き合いください。A社の成長と飛躍の話は、まだ終わりません。

そこから半年も経過すると、A社内で見られる「景色」はだいぶ様変わりするようになってきました。

もはや、デジタルをもとにした引き合いは当然のものとなり、デジタルからの売上比率も向上。それに伴い、これまで、あまり数値で検証されることのなかったダイレクトメールや、チラシの作成・配布に対しても、効率や、投資対効果が数値で検証されるようになりました。

結果、そこにかける予算（コスト）も見直し、あるいは最適化がされていきました。

「必要で優先すべきことだけに注力する」という、現代企業として、あるべき姿の活動を、組織全体が行うようになっていきました。

また、このタイミングでは、デジタルを起点としたビジネスがより推進されるようになり、より高度な計測指標や、中長期的な戦略についても議論・構築がされるようになりま

した。

社内でも「この引き合いに対しては、こういう内容の電話をかける」とか、「この温度感のユーザーに対しては、こういうメールの内容で、セミナー参加を促してみる……」と言ったような展開を組織間で連携して仕掛けられるようになりました。まさに、「部署間の連携による、組織としての勝ちパターンの形成」です。

それにより、新たな部隊も新設（！）されるまでになりました。

もともとは、マーケティング組織が独力で、どうにか動かしていた「ビジネスの「仕組み」のデジタル標準化」も、この段階までくると、全社として取り組む空気に変わっていました。

実際、A社でも、営業担当の起案した施策案を元にキャンペーンを展開したり、新しい「売り方」でお客様へのアプローチをおこなうなど、部署同士が連携して、前向きな議論を行うようになりました。

その結果、さまざまなアイデアが新しく生まれ、それらが実際に「施策」として展開され、検証され、各所にフィードバックされ、それがまた次の議論を生む……という好循環が生まれるようになっていきました。

そして、それらの**試行錯誤の回数が増えることで、組織全体の経験値が上がり、組織そのものが徐々に「自社独自の勝ちパターンを備えたマーケティング」を体得していくようになりました。**

さらに、この考え方はオフラインの施策（展示会）などにも反映され、「デジタル上で、こういう数字が出たから、展示会にはこういう目的で出展しよう」など、オフラインとオンラインを結びつける展開が戦略的に行われるようにもなっていきました。

もちろん、その裏では、その展示会で獲得した名刺をきちんとデータベースで管理したり、それらのユーザーに対してのメールや電話でのコミュニケーション（フォロー計画）を設計するなど、綿密かつ、中長期的な計画が練られ、実施・検証がされていくようにもなりました。

もう、組織もここまでくると、あとは経験値と言う年輪を重ねるのみです。

このフェーズに入ると、重要になってくるのは「取得したデータの整理と継承」です。組織として統一のフォーマットを持ち、特定の個人に依存せず、データを「見える化」しながら、常に新しい人員に対して教育、継承を行っていく「組織・文化」づくりに話が移っていきます。

もっとも分かりやすいケースでいうと、「1年前の当月は、どんな施策を展開していたのか?」や、その際に「どういう成果が出ていたのか?」は当然のことながら、「なぜ、その施策が行われたのか?」や、「どういう意図で、そういう設計になったのか?」が、標準のフォーマットとして落とし込み、蓄積・共有されている状態です。

ここまでくると、組織は「同じ轍を踏む」というたぐいの失敗が激減し、「勝てる施策」がどんどんブラッシュアップされ、成果の良いものが、組織をまたいで情報共有され、「強い勝ちパターン」だけが残り、さらに「横展開」もされていく……という「拡散」のフェーズに移ります。

しかも、**それが「特定の個人に依存することなく」実現します。**

一般的に、我々はいわゆる「完成されたデジタル組織」を外部のメディアなどの情報から得てしまうため、どうしても、こういった「すべてがうまく回っている組織」を最初から作ろうとしたり、そこに至るための道筋が分からないので、「うちの会社にはどうせ無理だろう」などと、諦めたりしてしまいがちです。

しかし、先にひも解いたように、このように「順を追って」文化を作っていけば、「ビジネスのデジタル標準化」は、確実に、しかも、思うよりも急速な速度で実現していくことができます。

実際、私がコンサルティングで携わった企業では、このくらいの変化が半年～1年程度で起こることが多く、このような景色の変化は何度も見てきました。

「マーケティングのマの字もわからない」と言っていた組織が、着実に成果を積み上げ、数字と、ファクト（事実）と、ロジック（論理）を活用した議論を繰り広げ、その結果が共有され、新たな施策へと展開、全社で波及されていく……。

そう言った、デジタルを活用して新規の引き合い、受注を生む「現代型のビジネス」が自走する組織が生まれるきっかけは、最初は、本当に簡単な「ビジネスのデジタル標準化のメソッド」による、小さな担当部署の変化から始まるのです。

上手く行っている組織とはどういうものなのか、ということを分かりやすく説明するために、あえて本書の冒頭でA社の事例を紹介しましたが、ずいぶんとイメージと違っていたと言う方も多いかもしれません。

また、「そんなに上手く行った会社の事例だけを聞いても、うちの会社と違いすぎていて、想像もできない」と言う方も多いことと思います。

ですので、次の章からは、もっと身近な例をあげながら、企業が「ビジネスの仕組みのデジタル標準化」を果たすための、大事な実務とステップについてわかりやすく説明していきます。

成果を出し続けるマーケティング組織とは、単にデジタルのシステムを導入したとか、複雑な指標を管理しているとか、格好いい施策をやっているとか、メディアに掲載されている……などと言った単純な話で上手く行くものではありません。

正しい手順を知って、確実に実行に移していくことで、はじめて成果に結びつくのです。

次章から、そのカラクリを解き明かしていきます。

第2章

基本のない マーケティング組織が 行き当たる袋小路

1、攻めのマーケティングのはずが、いつのまにかジリ貧になる理由

さて、先ほどの章では「現代型のビジネス」を体現するための、成果を出せるマーケティング組織を自走させるには手順がある、と申し上げました。これを、わかりやすく説明するために、本章ではみなさまに、あるクライアント企業を例に、順を追って説明させて頂きたいと思います。

ビジネスのデジタル標準化、マーケティング組織の構築~運用をされたい企業が陥りがちな、よく耳にする「あるある」が随所に出てくること、成功に至る途上の現在進行形であることなどから、読者のみなさまにとっても身近な話に感じていただき、理解が進むと考えるからです。

某企業のTさんとの出会いは、ある事業社さまの営業の方からのご紹介でした。

「マーケティング戦略の拡充と成果面で悩んでいる企業があるのですが、話だけでも聞いてもらえないでしょうか?」と言うお問い合わせをいただき、状況をまとめた資料を送ってもらうことになりました。

仲介された営業の方いわく「本件は、申し訳ないのですが、リッキーさんからすると、若干、役不足（現場寄り）の案件かもしれないのですが……」と電話口で言われていたのですが、届いた内容を拝見すると、なるほど。確かにやや「現場寄り」の相談内容となっていました。

ざっくり内容を要約すると、

1、自社でマーケティング組織を立ち上げ推進していて、それ相応に成果は出ている。
2、デジタル広告も、リスティング（Ｇｏｏｇｌｅなどの検索結果に出る文章型の）広告などに、相応の予算を出しており、代理店運用もできている。件数も積み上げられている。
3、しかし、自社のブランドをより広げ、認知層から新規顧客の獲得を行うような、『攻めの施策』の段階にきて、ＳＮＳの活用や、記事などの拡充についての知見がなく、どうも上手く行かない。この辺りの専門家を探している。より拡散し、たくさんのユーザーを集客するための支援をしてもらいたい。

と言う趣旨のものでした。みなさまも、こんな感じの課題は、思い当たるかもしれませんね。私はこの内容を拝読して、すぐに「あ、これはもしかして……」と、ピンと感じるものがあったので、とりあえず「1時間ほど、責任者の方と会って、話をしましょうか」と、取り次いでもらう事にしました。

仲介された営業担当の方からは「受けて頂けそうですか?」と、質問をされたのですが、こちらとしては、少し引っかかることがあり「もちろん、この内容でも支援は可能ですが、その前に、もう少し根本的に確認させて頂きたいことがありまして……」と、とりあえず、面談の機会を頂くことにした訳です。

さて、面談の当日。

責任者のTさんが登場し、自社のプロモーションについてざっくり解説。ひとしきり話をされ、「と言うことで、概ねここまでは順調にデジタルマーケティングを展開してきたのですが、次の、攻めのステップを考えていまして……」と、投げかけられたのですが、そこで、私の方から、当初から気になっていた質問をさせて頂きました。

「なるほど、では、その前に少し質問をさせてください。今回の、いえ、もっと言うと貴社のデジタルマーケティングの各施策のＫＰＩ（中間的なゴール）は、それぞれ、何ですか？」

あまりの唐突な質問に、Ｔさんも一瞬、「え？」という反応をされましたが、

「ええと、それはまず資料請求の件数ですね。今回のＳＮＳだと、集客なので、ページビュー（ＰＶ）の増加と、拡散……なんかも考えています」

確認をしているだけなのですが、少し、しどろもどろになりながらも答えるＴさん。

こちらは、気にせずに、重ねて質問をします。

「なるほど。では、その数字を追いかけるとして、数字の『合格ライン』は、どうされていますか？」

「ご、合格ラインですか？」

「はい。貴社は、これからプロモーションを拡充される訳でして、今回のご相談領域は、

とくに認知広告ですからね。貴社が『儲かる』ための線引きをしないと、そもそも、上席の方々にも予算（稟議）も通せないでしょうし、成果報告もできませんから」

と、ここまで質問をすると、Tさんの顔が突然曇り始めます。

「そうなんです。そうなんですよ。実は、社長からは、そもそも、新規のデジタル施策は儲かっているのか、なぜやるのか、どのくらいのコストなのか……など、たくさんの質問を頂いているのですが、明確な回答が返せていなくて……」

と言うことで、続けて質問をします。

「ふーむ……そうですか。ところで、貴社では最近、現場でも、徐々に、アポイントの取得率が下がっていたり、商談の確度が下がって来てはいませんか？」

「な、なんで、そんなことまで分かるんですか⁉　いや、おっしゃるとおりで、最近、現場から徐々にそういう声が出ているようなんです……」

実は、これは企業でもっともよく発生している課題のケースのひとつです。

このケースのタチの悪いところは、課題が顕在化してきて「いる」ことに、当事者が気づいていないケースがほとんどだと言うことです。本人たちは「自分たちは上手くやっている」と自負しているのに、「認知系施策」のフェーズまで来た時に、ふっと、「あれ？」と立ち止まってしまう。

実は、認知系施策のフェーズの広告の厄介なところは、「お金をかければ確実に（そしてお金をかけ続ける限り無限に）リーチ（認知）が取れてしまうことです。理屈は非常に簡単で、集客するためにお金を払っていますから、逆に考えれば「お金を払えば集客できるのは当然」なのです。

ところが、そんな常識すらも理解していない代理店がこの世には存在しており、そういう企業は自信満々に「ほら、こんなに集客できました！」みたいな報告を堂々としてきます。

本来は、そんなものはプロからすれば「お金を払っているのだから当たり前だろう！」

と喝破するような話です。本質的な議論はそこではなく「集客単価」と、「成果（売上）効率」の方であるはずだからです。

もう少し踏み込んだ話をすると、その「集客単価」すらも、実は、まゆつばにできる指標です。

これは、リアルで例えると分かりやすい話なのですが、たとえば、あなたの店の前で、「うちの店に入店してくれたら、千円を差し上げます！」と言うビラをまいたとしましょう。

当然、店の前を通る人は、「店内を冷やかすだけ」で、現金千円が貰えるわけですから、お店に入って千円札を受け取るわけです。何も買いもせずに。

それで、このプロモーションの企画者、あるいは代理店は、「ほら、おたくの店、こんなに来客があって、しかも単価千円で集客できましたし、大成功です！」と報告をしている訳です。

当たり前ですが、この店はまるで儲かっていません。

店内の販売スタッフからすれば「接客したところで、買いもしない客を大量に店に入れても仕事の邪魔になるだけだろ！」と（当然）憤慨しますし、店長からしても「何を（一文の利益にもならない）バカな集客をやっているんだ……」と、頭を抱えることでしょう。

このように、Ｗｅｂサイトを店舗に、集客をチラシに変換しただけのリアルな例え話にすれば非常にわかりやすいのですが、デジタルだと何故かこういうことが平常運転で発生しがちです。

Ｔさんの会社の集客でも同じことが起きていないか確認するため、簡単な質問を続けます。

「ひとつ、伺いたいのですが、貴社のデジタル施策……検索連動の広告で最も獲得できているキーワードは、『貴社名』や、『貴社のサービス名』ですよね」

「はい、それはそうです。間違いありません」

「では、お伺いするのですが、**そもそもユーザーさんは、どのタイミングで「貴社」について理解されて、『貴社名』や、『貴社のサービス名』……いわゆる、指名検索をするようになるかはご存じですかね。**Tさんがおっしゃられている、攻めの施策というのは、本来は、そういった顕在化された需要を増やすと言う話になるのですが……」

ここで、完全に言葉に詰まるTさん。

状況は完全につかめたので、ここで助け舟を出します。

「実はですね。先の質問の答え。貴社が管理すべき指標（KPI）は、突き詰めると1つでして、それは『投資対効果』です。そして、その合格ラインはシンプルに、貴社の「引き合い」の獲得単価が、売上げ（利益）ベースで、貴社が設定された『利益の限界ライン』をくぐれているかどうか……それだけなんですよ」

２、絶対に知らなくてはいけない、マーケティングのポートフォリオ

さて、Ｔさんの会社で何が起こっていたのか？　なぜ、Ｔさんの会社は「ビジネスのデジタル化」に行き詰まってしまったのか？　みなさまは、その原因と、解決方法を、どう考えますでしょうか。

それを理解するためにも「現代型のビジネス」で引き合いを作るために欠かせない「マーケティング獲得施策のポートフォリオ」について、まずはお話をさせてください。

・「引き合い」を組み立てるための４つのゾーン

次ページ図は、いわゆる「現代型ビジネス」の「引き合い獲得アクション」の構図です。各々の違いと役割を理解していただくために、私が考案いたしました。

縦軸は「引き合いを得るための顧客獲得単価（平均）」で、上段は「無償～安価に獲得できる施策」、下段は「お金がたくさん必要となる施策」と分けています。また、横軸は見込み顧客の貴社への理解度を表しており、左側は「貴社（のサービス）についてまったく知らない」、右側は、「名前やサービス内容などを、きちんと理解している」と言う状態

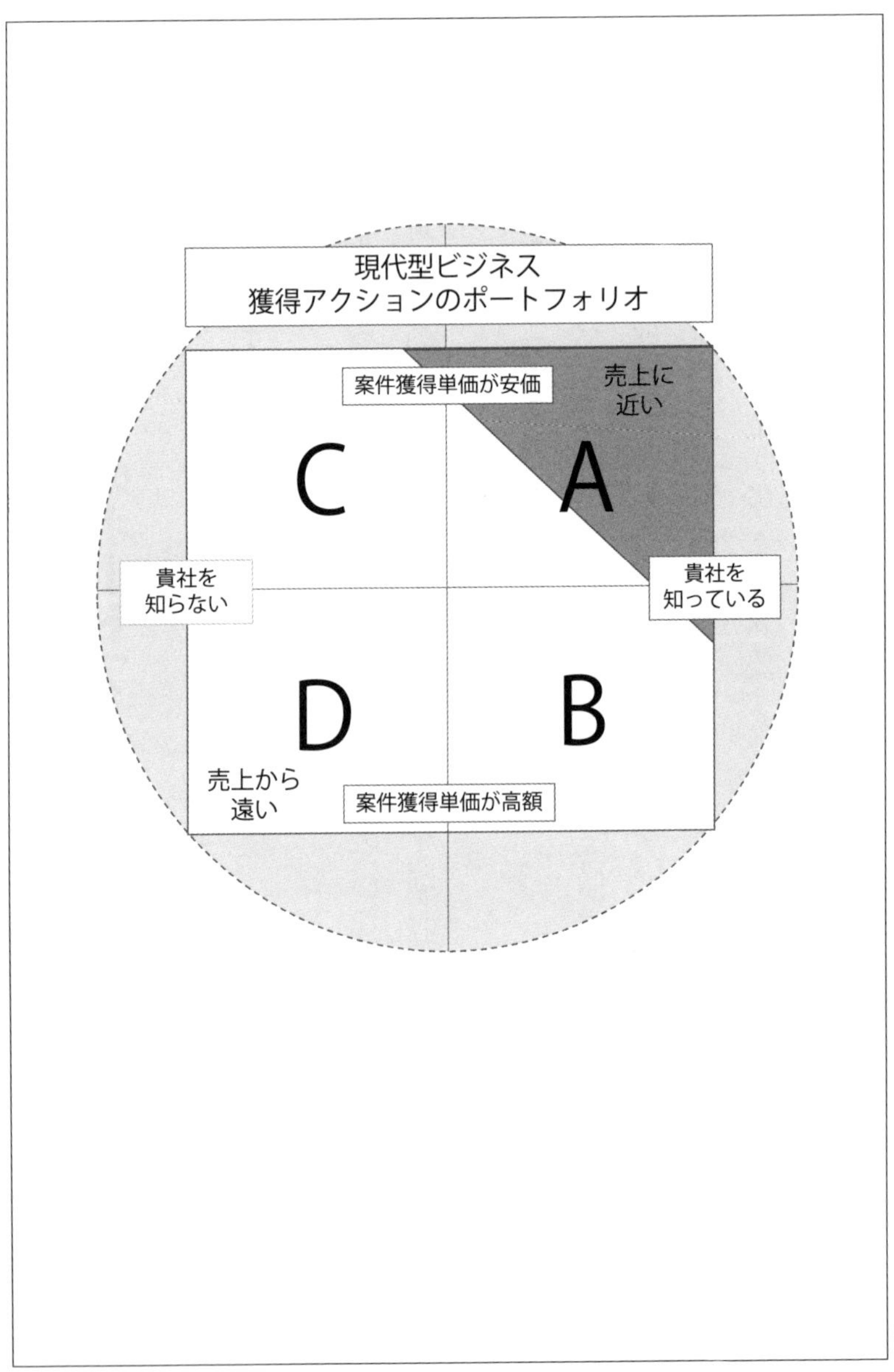
現代型ビジネス
獲得アクションのポートフォリオ
案件獲得単価が安価
売上に
近い
C
A
貴社を
知らない
貴社を
知っている
D
B
売上から
遠い
案件獲得単価が高額

です。ＡＢＣＤの4つのゾーンに分けていますが、ゾーンごとに代表的な獲得アクションを挙げると、以下のようなものがあります。

Ａゾーン↓貴社名やサービス名の検索・広告からの流入（ＳＥＯ、ＳＥＭ）、メルマガ会員や、自部署の顧客リストへのメールからの引合い
Ｂゾーン↓既存顧客へのアウトバウンド、サイト訪問者へ限定した広告（リマーケティング）流入
Ｃゾーン↓既存取引先や知人からの紹介案件、成果報酬型の広告（アフィリエイト）、ＳＮＳ等
Ｄゾーン↓展示会への出展、ＤＭの送付、テレビＣＭ、ラジオ、記事広告、新規顧客へのテレアポ、一般キーワードからの検索流入（広告）など、いわゆる認知系施策と飛ばれるマス広告群

これらは、厳密な区分けではなく、あくまでもイメージ的なものとして捉えてください。当然、ちょうど中間に位置するような獲得アクションもあると思いますが、こうして区分けをすると特徴が際立つため、理解しやすくなります。

もちろん、単なる区分けをしたいがために、このような区分けをしたわけではございません。「現代型ビジネス」を自在に操るために、非常に重要な区分けなので補足します。

たとえば、Aゾーンの分類を見てみると、「貴社をよく知っている人」に向けて、「安価に引き合いが獲得出来る施策」……と言うことで、ここは、貴社がすでに保有する自部署の顧客リスト、あるいはメルマガ会員へのメール配信によるアプローチや、お互いをよく知っている（気軽に連絡を取り合える）関係のお客様へのルート営業、御用聞き。それから、貴社のサービスをよく理解されていて、指名をして来訪してくださる一定以上の理解者（ファン）の方からの自然検索（ＳＥＯ）や広告経由（ＳＥＭ）からの流入などから発生する、各種の問い合わせが含まれます。

Ｂのゾーンは、相手が貴社をある程度知っているものの、引き合いの獲得単価となるとＡゾーンと比較して高額になる……つまり、アプローチをするのに（人件費を含めた）お金がかかったり、時間がかかる、あるいは確度が悪くなるゾーンです。たとえば、名刺は交換済みだが、貴社をあまり知らない対象（リスト）や、貴社の他部署が保有するリストへのメール配信によるアプローチ、架電（アウトバウンド／コールドコール）営業、貴社のＷｅｂサイトを少しだけ見た相手に対する再来訪を促す広告（リマーケティング広告）などが、これに該当します。

また、Ｃのゾーンはというと、「引き合いの獲得単価」は抑えられるものの、相手は貴社を「知らない」カテゴリですから、第三者からの紹介や、引き合いの獲得単価を固定化することができる成果報酬型（アフィリエイト）広告からの引き合い、あるいは自然拡散されたＳＮＳや、貴社の情報サイト（ブログなどの自社メディア）からの引き合い、一般的な言葉（キーワード）の検索結果からの自然流入などが、このゾーンに入ってきます。

最後にＤゾーンですが、いわゆる「認知広告」と呼ばれるものや、「マス展開」、「ブランディング」などと呼ばれるもののほとんどがこのゾーンに所属してきます。展示会への出展、記事広告、テレビＣＭ、ラジオ、デジタル分野なら、一般的なキーワードからの検索広告の買い付けなど、マーケティング担当者が「投資対効果」の説明にもっとも苦しむ施策群がこのゾーンです。

区分けをすると、同じ「引き合いを作る」と言う目的だったとしても、かなり「色合い」が違ってくることが分かると思います。

そういったカテゴライズで見たとき、この図の右上に塗りつぶした三角形があるかと思いますが、実は多くの企業が、「この三角形の領域だけ」で、自社の大半の売上（成果）をあげています。

つまり、Aの状態の引き合いのおおよそ半分と、BおよびCの領域から少しずつ……という引き合いを組み合わせて、ほぼすべて（私の経験則上、約8割以上）の売上を立てている企業が多いのです。実際、ビジネスのデジタル化において、Aの部分までなら、どうにかできている、と言う企業は案外多く、ただ、その先で完全に手詰まりになっているケースが非常に多くなっています（貴社でもこの表を作っていただき、展開されている施策をならべていただくと、獲得のバランスとコストのバランスが、驚くほど偏っていることに気づいていただけると思います）。

・Tさんの企業で起きていた根本的な問題とは

さて、先に述べたTさんの企業でも同じような状態が発生していました。何が起こっていたかと言うと、デジタル施策で、いわゆるAのゾーン「社名、サービス名」などの「指名系検索」での獲得は順調に積みあがっており、そこからの営業・獲得効率は良かったのです。つまり、その辺りまでは、「肌感覚」で、会社も「なんとなく儲かっていそうだ」と経営判断が出来ていたわけです。

だからこそ、「デジタル系の施策を増やすことで、よりたくさんの獲得ができるはずだ！」と予算は増額されることになり、Tさんは晴れて、B～Dのゾーンに「攻め込む」事を考えました。

ところが、ここで問題が発生します。B～Dのゾーンで集客の施策を展開して、予算を投じても、Aゾーンで挙げていたような成果が出せなくなったのです。これまで、リソースを投じれば投じるほど利益になっていた「正比例の関係」の獲得が徐々に「頭打ち」になってしまったのです。

B～Dゾーンに本格的に進出したことで、なぜTさんの企業は「頭打ち」になってしまったのか。そもそも、どういう状況が起こりえるかを「あるある話」をもとに、まずは整理してみましょう。

たとえば、Bゾーン。営業人員などを積極的に活用した架電を行うことで、一時的な数字は作れます。しかし、時間の経過と共に、徐々にスタッフは疲弊。あるいはコール対象のリストが、どんどん劣悪なものになり、それに比例するようにアポイント率が下がっていきます。

Webサイト来訪者を「対象＝分母」にしているリマーケティングも、分母以上の母数に配信ができないため、直接成果の投資対効果がどんどん下がっていく……などは良くある話です。

Cゾーン。ここは、ブログやSNS、紹介経由のゾーンであり、無償でアプローチができるため、積極的に活用したいところです。しかし、バズ（拡散）や、定期的な情報配信だけを目標にしてしまうと、担当者はいつしか「手段を目的化」し、成果が見えなくなっていきます。そんな状態が続いたある日、経営層から「あの施策は赤字を垂れ流しているようにみえるが、具体的には何に貢献しているのか？」などと説明を求められてしまうと、さあ大変。運営予算削減の憂き目にあうなど、いつしか運営そのものが「開店休業」状態になる事は、珍しくありません。

紹介案件も、確かに紹介されるのは元々「確度が良い」訳ですが、問題はその数を自発的に増やすことが出来ません。結局、自然発生するのをただ待つしかなく、件数という意味では計算が立たない状況に。無理やり案件を作っても、今度は成約しない状況に……などは典型的なあるあるです。

Ｄゾーン。ここはもっとも大変で、「やらないと企業全体に悪影響が出てしまう認知（ブランディング）施策だ」と言う、呪縛のようなものに捕らわれており、誰もが上手く説明できないけど、必要な気はする……という、よくわからない感覚に振り回されがちなゾーンです。

そして、予算審議の局面においては、その投資対効果がまったく論理的に説明できず、なぜか媒体そのものの波及力（新聞なら発行部数、ＣＭなら延べ視聴率、記事広告なら表示回数など）で説明することになってしまい、なかなか本質的な成果の説明ができないゾーンです。

そのため、企業における予算カットの局面では、まず、第一に「カットの筆頭」として、各部署から取り上げられ、重要性は（感覚的には）分かっているのに、予算を守り切れない状況になっていく……などは、「あるある」の王道とすらいえます。

いかがでしたでしょうか。みなさまにも「思い当たる」と思うものがあったかもしれません。各々、異なる特性を持つ各ゾーン。やはり状況が整っているAゾーンのように、一筋縄では「企業に利益をもたらす」とは、いかなそうです。

では、Tさんの企業の「戦略的な間違い」とはなんだったのでしょうか。

この理由、実はシンプルです。それは、Tさんの会社のような多くの企業がこのフェーズで犯す間違いでもあります。それは、Tさんの会社が、**B〜Dゾーンの領域内で「個別最適化」をし、それぞれの戦場で、「Aゾーンの時と同じように勝とう（獲得を挙げよう）としてしまっていたこと」**です。

つまり、施策の評価をそれぞれの領域での「直接的な獲得」を中心に見てしまい、そのポイントで、直接的な投資対効果の計算（判断）をしてしまっていた。コストをいくらかけて、何件の獲得があがった……というのをＡのゾーンと（ほぼ）同じ計算式で評価してしまっていたことです。

そのことを象徴するのが、Ｔさんが私にしてきた最初の相談内容でした。

「自社のブランドをより広げ、認知層から新規顧客の獲得を行うような、『攻めの施策』の段階にきて、ＳＮＳの活用や、記事などの拡充についての知見がなく、どうも上手く行かない」

この発言は、Ｔさんの会社が、各領域に攻め込む中で、その領域内での最適化を行い、どうにかＡゾーンのような成果を出そうとしていたからこそ出てきてしまったものです。だからこそ、私は「ああ、これは根本的な間違いを犯しているのかも」と、判断するに至ったのです。

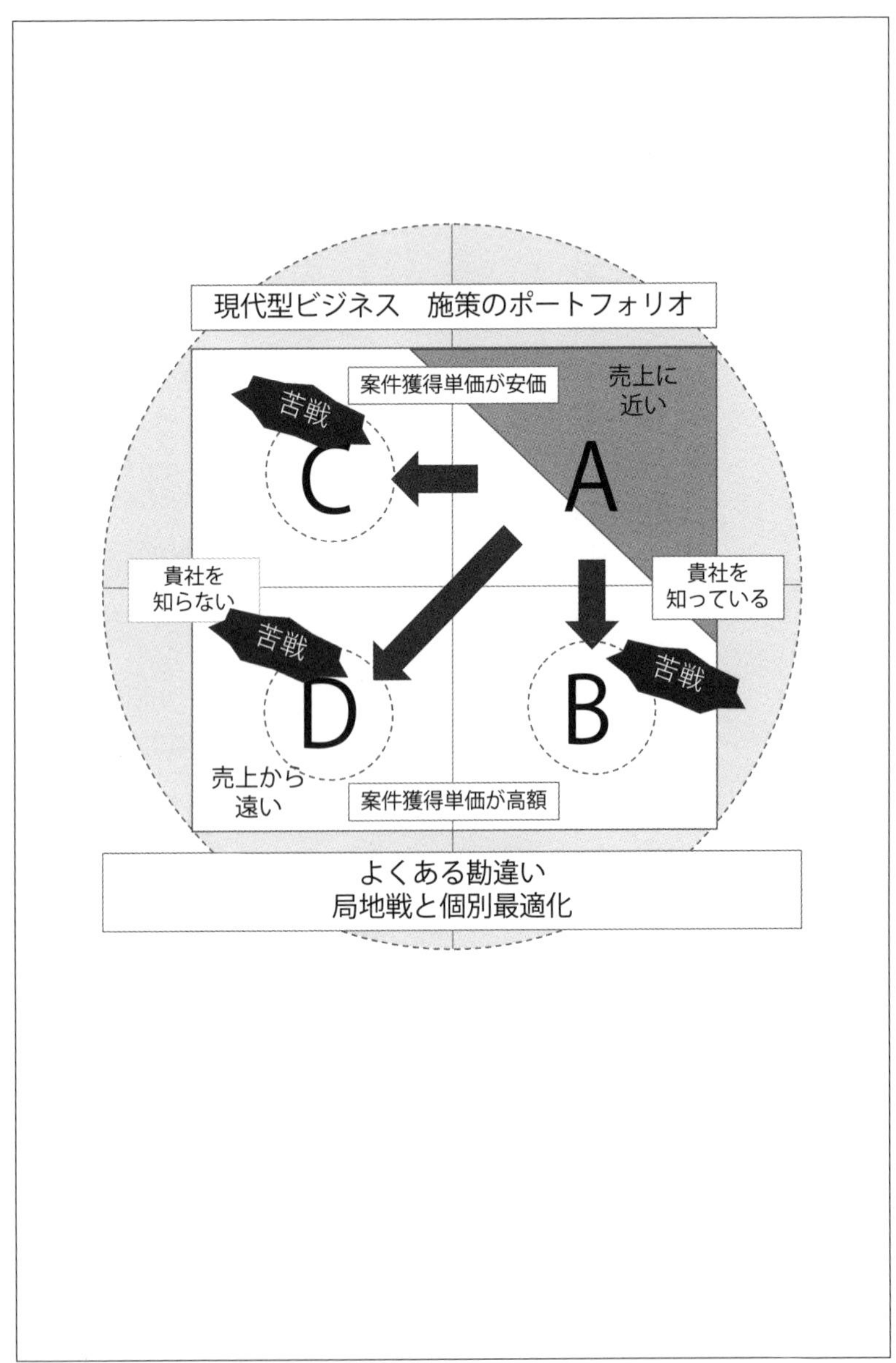
現代型ビジネス　施策のポートフォリオ
案件獲得単価が安価
売上に
近い
苦戦
C
A
貴社を
知らない
貴社を
知っている
苦戦
苦戦
D
B
売上から
遠い
案件獲得単価が高額
よくある勘違い
局地戦と個別最適化

先の図を見ながら、冷静に考えてみましょう。貴社の事を「知っていて、安価に訴求が出来る」Ａゾーンに対し、どちらかの要素、あるいは両方の要素が欠けてしまうのがＢ～Ｄゾーンです。他のゾーンが、やすやすとＡゾーンと、同等の成果をコンスタントに出せるはずがありません。

なぜなら、そもそもの前提条件が違いすぎるのです。

それなのに、多くの企業が「ＳＮＳで獲得を激増させる！」とか、「展示会で、引き合いをたくさんつくって投資対効果を合わせる……！」、あるいは「動画ＣＭで売上アップ！」と言った「個別最適化」という「手段」に注力し、その成果向上のために奔走し、「局地戦」で疲弊していく。

誤解をしないで頂きたいのが、私はＢ～Ｄゾーンの領域が「施策として意味がない、無駄である」と言っているのではありません。有効な活用手段や評価指標はあるにもかかわらず、単純に「根本的な考え方、使い方」が間違っていますと、お話をしているのです。

では、Ｔさんの会社では、何を、どこで間違えていたのでしょうか。どうすると、この問題は、解決できるのでしょうか。

・現代型ビジネスの上手な展開方法と考え方

詳しい原因の究明に入る前に、もう一度同じ図を、少し違う項目に言葉を言い換えて、整理してみましょう。次の図は、先ほどの図に注釈をいれて区分を分けたものです。こうしてみると、Aのゾーンが「いかに優位なのか?」が見えてくると思います。

特に注目していただきたいのが、中心に引いた線です。この線の右側に来る＝貴社がお客様に連絡をする手段を持っていることを表しています。それは、言い換えると、このお客様には「拒否」されない限りは、何度でもアプローチできる土壌をすでに持っている……と言うことです。

何度でもアプローチできる、と言うことは、単発のアプローチと違い、「少しずつ関係性を深めて」いったり、「段階を踏んだコミュニケーション」が出来るようになると言うことです。

あなた自身もプライベートで、「行きつけ」のなにがし……と言うものがあると思います。頻繁に相手とコミュニケーションが取れる状態になると言うことは、それ自体が非常に高い信頼関係を構築するための素地を持つことになります。それが、人件費や労力をそこまで大きく使わず、安価（無償）でコンタクトできるなら、なおのことです。

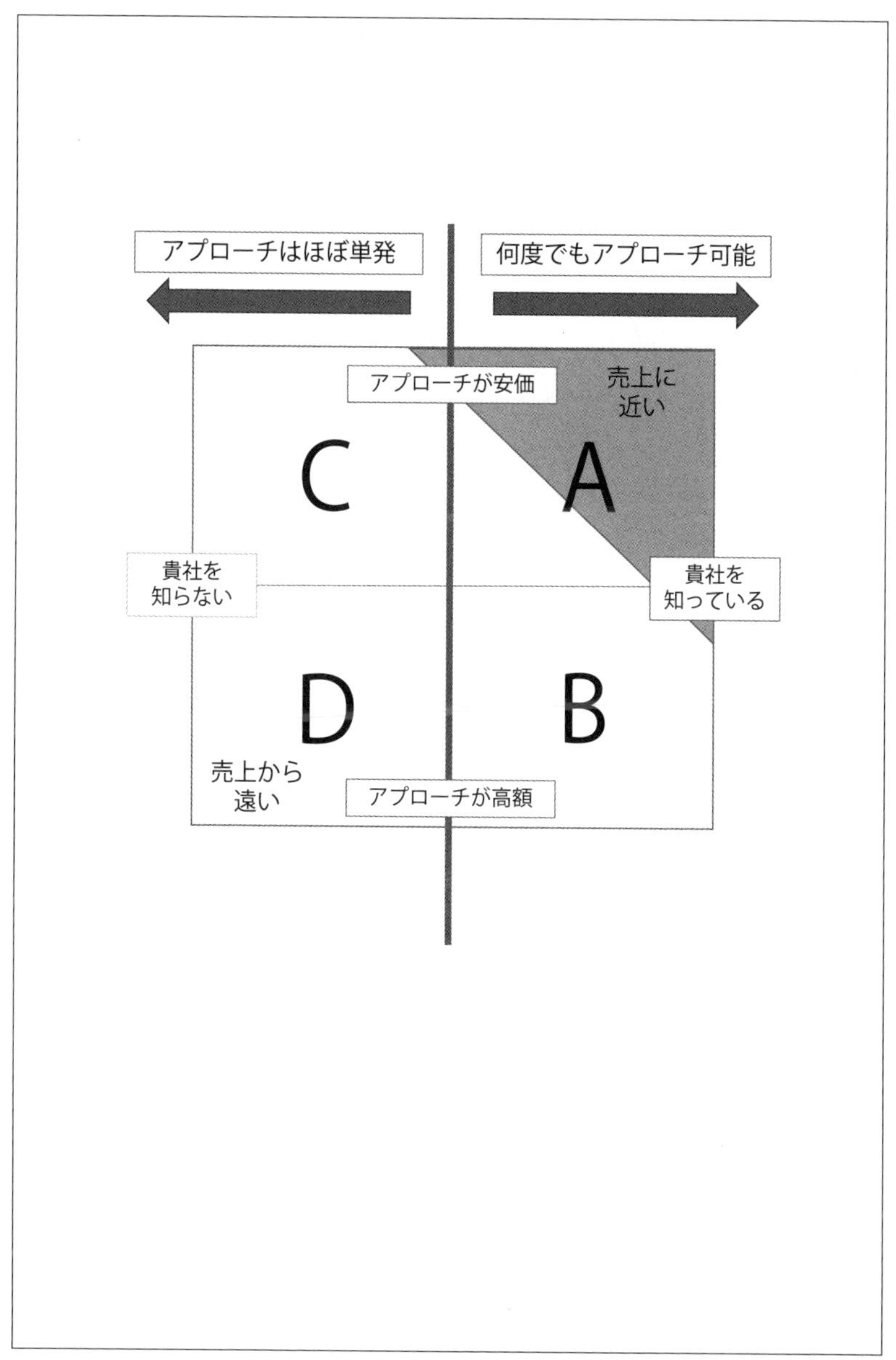
アプローチはほぼ単発
何度でもアプローチ可能
アプローチが安価
売上に近い
C
A
貴社を知らない
貴社を知っている
D
B
売上から遠い
アプローチが高額

ですので、Tさんの会社は、

- Aゾーンでの投資対効果（勝ち方）を最大化しつつ、
- ほかのゾーンから、自らの土俵（Aゾーン）に、お客様を呼び込む

という思想にもとづいてマーケティング戦略を設計し、施策の評価をすればよかったのです。

B～Dゾーンの「個別成果」にこだわってしまう企業は、ここの発想を間違えるがゆえに、「進出しては撤退」を繰り返します。余剰の予算が出たときに、ポンとDゾーンに展開したり、B～Dゾーンに、とりあえず網を張ったりして「局地的に施策を強化」します。

時にそれは、一時的な効果を生み出すのですが、戦略そのものが「単発」になってしまっているとき、**そこに「再現性」は生まれません。**会社組織にとって長期的な視点に立った時に重要なのは、単発の大きなバズ（成果）を生み出すことではなく、**継続的に利益を生み出す「ビジネスの仕組み」を活用し、成果をあげ続ける事です。**そのため、Tさんのような企業では、次の図のように設計を「逆転」させることが、本来は望ましいのです。

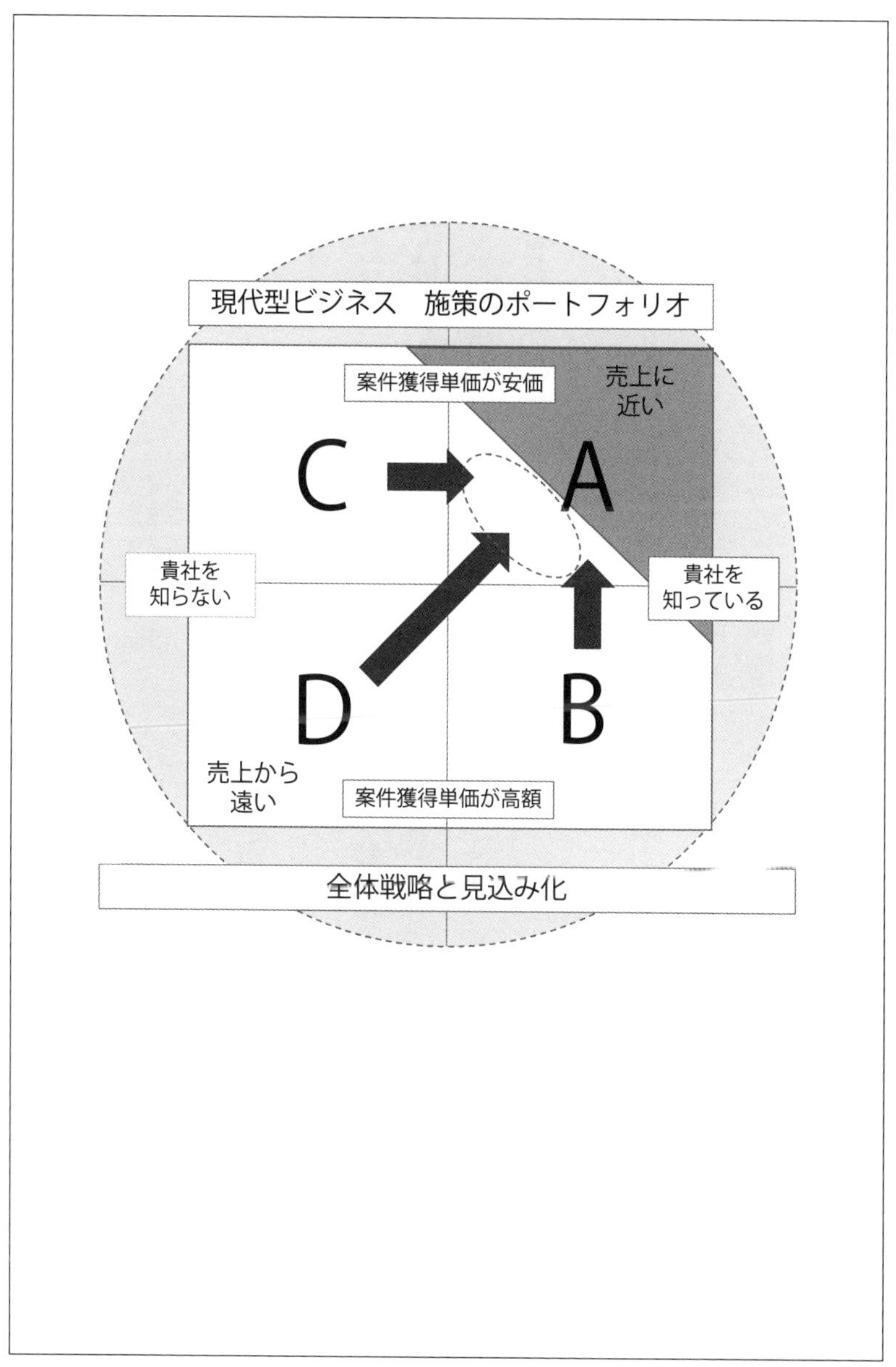
現代型ビジネス　施策のポートフォリオ
案件獲得単価が安価
売上に
近い
C
A
貴社を
知らない
貴社を
知っている
D
B
売上から
遠い
案件獲得単価が高額
全体戦略と見込み化

マーケティング戦略が、この図のような設計思想になっているとき、たとえばBゾーンで起きた反響の投資対効果を見ようとしたときは、B↓成果というプロセスで考えていた投資対効果の計測は、B↓A↓投資対効果……として考えなおす必要があります。

解説すると、BからAになると言うことは、「貴社を知っていたが、それほど関係性の深くなかったユーザーが、気軽にコンタクトできるようになる」という態度変容が起きています。たとえば、コールドコールをかけて、いきなり商談化……という**「直接的な成果」に着目するのではなく、**まずは定期的な連絡が取れるようになったり、簡単な資料や事例集をお渡しして、今後の会話のきっかけが出来るようになった……という**「状況の変化」に着目している**ということです。

その「変化」の意味するところは、コールドコールをきっかけに（営業資料などを送付するために）貴社がこのユーザーの「何らかのコンタクト情報（メールアドレスなど）」を「同意のうえで」保持し、ポジティブに連絡が取れるようになった（Aゾーンに来た）と言うことです。

つまり、Bゾーンにいたユーザーは、一見して「コールドコールからいきなり商談化した」ように見えて、実は、「Aのゾーンを通過」というプロセスを**（一瞬であれ）「必ず経由している」のです。**

このプロセスの考え方と、それらが示す事実について、お分かりいただけたでしょうか。

もし、理解が難しい場合は、先にお伝えしたゾーン別の解説をご覧になりながら、「企業が持っている、お客様の情報の量」を考え、比較してみるとよいでしょう。重要な、抑えて頂くべきポイントは、**「Aゾーンへの流入からゴールまでが、非常に短時間になることはあっても、Aゾーンへの遷移を、飛び越えて（しないで）一気にゴールに行くことはできない」と言うことです。**

卑近な「人間関係」などで説明すると分かりやすいかもしれません。

たとえば、「結婚をしたい」と言う願望を持ったAさんがいたとします。Aさんは、誰と結婚するにせよ、（当たり前ですが）通常は「連絡先を知っているし、名前も性格も良く知っている人」と結婚する（したい）と思うでしょう。

そんなAさんが、Bさんを好きだったとして、まだ知り合いでもないBさんにいきなり「結婚してください！」と言い出したらどうなるか？　というと、まあ十中八九、撃沈するでしょう。

そうならないためにはAさんは「Bさんと、段階的に仲良くなる」と言うことが必要なわけです。まず、知り合いになり、友人、あるいは気軽に一緒に出かけられる関係になり……と、徐々に親交を深めるプロセスを踏むことが、一般的には必須となります。

とまあ、私的な人間関係のときは、このプロセスが、みなさまにとっても「あたりまえじゃないか、そんなの」と思うことでしょう。

しかし、なぜか、ビジネスと言う「人間関係」に置きなおしたとき、多くの企業が、冒頭のAさんのように、お客様にいきなり「結婚して（買って）ください！」と訴求することに終始してしまい、プロセスに目を向けていない……と言うことが起きてしまうのが、世の中の面白いところです。

実は、多くの企業が、この「ほかで発生した案件は、かならずAゾーンを通過している」

と言う当たり前だけど大切な事実に気が付いていない。あるいは、そこのプロセスを重要視していない、計測・評価軸に組み込んでいない……ということをしてしまっています。

しかし、先にお伝えしたとおり、（そして、みなさまの肌感覚のとおり）実際の売上構成をひも解くと、ほとんどの企業で売り上げの大半はAゾーンがもたらしています。それは、さながら「良く知らない相手と結婚しないでしょう普通」と言う理屈と一緒です。実は、みなさんも薄々は、そのポイントに気が付いている。

だから、担当者の方々は、時として、それを課題として語るのです。

「うちの会社のデジタル施策は、会社名やサービス名の検索からは獲得できる。しかし、なぜ、いつ、どのようなタイミングで、会社名を指名検索してくれるようになるのかが、わからない」と。

もし、真に「ビジネスのデジタル標準化」を果たそうと思っているのなら、こうなる理由を具体的に、理論と数字で把握することは必須となります。

そして、それを成すためには、「各々の成果をデジタル化（可視化）し、それが最適に機能するように、マーケティング戦略を設計しなければ、なりません。それが実現できたとき、Ｔさんのような企業で起きている問題は、はじめて、解決に向かうのです。

3.「ビジネスの仕組みのデジタル化こそが、貴社を飛躍させる特効薬

・「業界あるある」と、Tさんの企業で「具体的に」果たすべきこと

特にB～Dゾーンで、マーケティング施策の展開について調べていると、みなさまは様々な「成功事例」を目にする事があると思います。サービスベンダーや、一部の専門サイトなどの広告記事で取り上げられ、あるいはセミナーなどで事例として紹介されている取り組みの数々です。

「あの有名な」「最先端の」「話題の」……そう言った文言が踊るのを見たとき、みなさまは、なんとなく「すごいなあ」と、感じ、「うちもこの施策をやれば……」と興味を惹かれると思います。

しかし、ちょっと待ってください。少し冷静に、あらためて考えてほしいのです。

「じゃあ、この紹介されている企業は、結局、業績が伸びているのだっけ？」と。

実は、売主やメディアが主催するものの中身をよく読みこんでみると、「取り組み」や「主張」については、話題にしていても「成果」についてはさして触れていない……と言うことは、さほど珍しいことではありません。

特に、その成果ポイントが「売上寄与」という軸になるとなおさらです。

（ちなみに、「これで売り上げが上がりそうです！」と言う「個人の感想」や「個人の期待」が書いてあっても、「実際に上がった」と言う事実は書いてない事などもざらです）。

そもそも、どんな商売でも「お金をたくさん使えば」、売主から歓迎されるのは当然です。「広告主＝購入者」は上客な訳ですし、それは売主にとって、都合の良い事例になるからです。

しかし、そういう事業者の創り出す「クライアントの売上に寄与しているのか？」すら、良くわからない「成功（実際は、採用、または取り組み）事例」とやらを聞いて、そもそも、みなさまは、感銘を受けたり、焦りを覚える必要はあるのかというと、ここは冷静になりたい所です。

また、仮に、その事例が「儲かっている」と言う事実を確認できたとしても、冒頭の章でお伝えした通り、１００社あれば、１００通りの「デジタルマーケティングの戦略が存在し、それに伴う組織も併せて１００通り存在すること」が、基本中の基本です。

つまり、「その会社が」出来たことが、ヒト・モノ・カネ、もっと言うと企業文化まで状況が違う、「貴社でも再現できるのか？」と言うと、これはまた「別の話」のはずなのです。

誤解を恐れずに、ハッキリ言うと、Ｂ～Ｄのゾーンを、自らの定義したマーケティング戦略のうえで「必要性」を理解し、主体的に正しい目的・目標を持って「必要十分」に活用し、自社の売上最大化を目指せるなら、それは「ビジネスのデジタル化」を真に推進できている企業です。

しかし、逆に、Ｂ～Ｄのゾーンで、小手先の「やった感」を出すために、あるいは「著名人が推薦しているから」「話題性があるから」と、売上寄与もろくすっぽ考えず、場当たり的に予算を突っ込んでいるのなら、それは、ただの「デジタル業界の、広告会社のお得意様」の企業の行動です。

この2社の決定的な違いは何か？

それこそが、同じ施策に取り組んでいても、B〜Dゾーンで活動することが「目的」となっている企業と、B〜Dゾーンで活動することが「手段」となっている企業の違いなのです。

そして、この2社がもたらす成果が、一見して同様に見えて、実は、結果の局面では大きな差を生み出すことは疑いありません。**「やった時点で、満足している」企業が、「やることは手段で、結果はその先に見据えて戦略を構築している」企業と、同じ行動を取れるわけがないのです。**

貴社は、話題の（あるいは最先端の）展開を行い、その取り組みが売主や、その取り巻きに賞賛されるマーケティング（もどき）を実施するべきでしょうか。それとも、外部からの注目が薄くても、自社の売上に貢献する、「強い」マーケティングを目指すべきなのでしょうか。その答えは、言わずもがなのはずです。

・成果の出せるマーケティング組織を目指そう

「デジタルを活用して成果が出せる、強いマーケティング組織」とは、具体的には、どのようなものでしょうか。そこについて、もう少しだけ、最初の表を掘り下げてみましょう。

Ａのみならず、Ｂ～Ｄのゾーンも活用して売り上げを伸ばすために必要なこと。

それは、

（１）Ａ～Ｄゾーンで、個々別々の成果を積み上げるのではなく

（２）ＡからＤのゾーンすべてを**「ポートフォリオの様に管理して」全体で勝てるように、（図でいうと四角を円で囲んでいる全域でまとめて）設計、運用をできることを目指すこと**です。この２つは似ているようで、まったく違う動きになります。

（２）の設計を成立させるためには、それぞれの場所で発生する様々な「中間的な出来事」を、指標として管理し、数値化（デジタル化）し、最終的な売上への寄与度を算出していく必要があります。

それは、先ほどの説明でお伝えした「属性がなかったが、1つ取得できた」や、「高額なアプローチをしないと、相手と繋がれなかったが、気軽にコンタクトできるようになった」……などの「状況の変化」に着目した考え方です。それらのフェーズの移行を、なんらかの取り決めた「指標」で管理し、「数値」で計測し、解析し、改善できる設計を行う。

ビジネスの仕組みをデジタル化するためには、まず、最初に、こう言った設計、「何に着目するのか」を決め、その取り組みを「評価するため」の数値化を行うことが、欠かせません。

つまり、貴社に必要な、**最初のステップは「評価をする指標を決める」と言う仕事です。**

これが出来たとき、そのマーケティング組織はデジタル施策において、その数値を計測・分析・改善して、企業を儲けさせるための活動（勝ちパターンづくり）をすることが可能となります。

「評価する指標」を決めるために、まず「デジタル標準化をした時に把握すべき基本項目」

を覚えておきましょう。それが、以下の３つです。

・デジタル施策全体の「投資対効果」（売上寄与度）
・資料請求など、引き合いごとの獲得単価の「利益の限界ラインとの関係」
・認知広告の投資対効果。※ただし、最初は確率論を前提とした「仮説」で問題なし

もし、みなさまがこれらを「大変そうだ……」と思われるのなら、まずは小さく始めましょう。

取り急ぎ、Ａゾーン「だけ」からでも構いません。

売上に最も近いこのＡゾーンなら、商談化率、成約率などの「中間プロセス」を数字で管理できるようにしやすいはずです。「会社は儲かっているのか？」を四半期ベースでも通期ベースでも構わないので確認し、理解・証明できるようにしましょう。そこの折り合いがつけば、Ｂ～Ｄゾーンも、一定の確率論で、「割り戻す」ことにより、施策の検証ができるようになります。

大切なのは、こういったことを始める時点で「数字がない」と言う話になりがちですが、そんなのはすべての企業で「最初はそんなもの」です。貴社がまずやるべきことは、「仮

でも良いから数字を当て込んで、検証してみる……」という実働（アクション）なのです。

そして、実務を通じて、その仮説立案した予測数値と結果の差を確認し、差が生じた場合は、その原因を見極め、正しいうち手をもって改善、あるいは計画そのものの修正することです。

最終的には、自社の施策をまとめた全体のポートフォリオをくみ上げて、運用し、自社に成果をもたらす事を目指します。

これらを数値化、仕組化できれば、貴社は、自社の展開するマーケティング戦略について、施策全体で管理をしつつも、個々の施策を数字で捉え、時期や成果に応じて、臨機応変にそのバランスや、その中身を組み替えることができるようになることでしょう。

私が、冒頭でマーケティング組織のトップを「企業のファンドマネージャー」とお伝えしたのは、こういう「投資対効果を突き詰める」思想や「施策のポートフォリオを設計する」という思想に基づいての事です。みなさまが、それを出来るようになるためにも、まずはこの設計思想の概要だけでも、理解頂けると幸いです。

第3章

企業の陥る5つの落とし穴

1．ビジネスの仕組みのデジタル化が「できる」企業と、「できない」ダメ企業の違い

・世間で目立つことと、実績を残すことはまったく違う

さて、前章では、最も重要な現代型ビジネスにおける、マーケティングのポートフォリオについて説明しました。これらを実際に動かす具体的な「ビジネスの仕組みのデジタル化メソッド」を伝える前に、みなさまには、成果を出せる企業になるための、「やってはならないこと」を、しっかりご理解いただきたいと思います。題して「企業の陥る5つの落とし穴」です。

「やってはならないこと」「落とし穴」などと言うと、ずいぶん遠回りのように聞こえるかもしれません。「そんなことより、早く、ビジネスの仕組みのデジタル化メソッドを教えて……」というのが読者のみなさまの心情でしょう。

しかし、意外に思われるかもしれませんが、上手なビジネスの仕組みのデジタル化が出来ている企業は、「何に取り組んだか」ということよりも、「やってはいけないことを、徹底してやらなかった」ことにより、成功を果たしています。これは、業種や事業規模を問

わず、どんな企業を見ていても共通することです。

傍から見れば、「成功する企業には、もともと圧倒的に成功する素地があった」と考えられがちなのです。しかし、私のお客様も、そもそも**業界Ｎｏ．１であることの方が圧倒的に少なく、むしろ、差別化に苦しんでいる企業だからこそ、余計なことを一切せず、やるべきことを信じて注力した。だからこそ、圧倒的な成果につながった、**というのが本当のところだと私は考えています。

この辺りのことは、さまざまな意見があることとは承知のうえですが、本書は一部のＮｏ．1企業に向けて書かれているものではありません。

自社で、ビジネスの「仕組み」をデジタル化したいと考える、一般的な企業に向けて書かれた手引書です。だからこそ、確率を引き上げるための具体策として、まず「やってはいけないこと」を知っておいていただきたいのです。

「やってはいけないこと」はすべて、貴社のビジネスの「仕組み」のデジタル化、あるいはマーケティング組織の構築のための努力を無に帰し、時として、業績に対してマイナスにまで作用してしまうものばかりです。実際、私のところに相談にこられる多くのクライアント様が、当初、これらの状況にハマっていることが非常に多く、これらを防ぐだけでも、大きな効果が出ることは間違いありません。

なお、ご相談の席上などでも、私はあえて「それは、ダメ企業のすることですね」とか「それはもう全然ダメです」など、かなり強烈な表現で、説明させていただく事にしています。これは、何が何でも、そういう状況を避けてほしいという思いからきている意図的な表現です。

本書でも、あえてこの表現を取らせて頂きますが、なにとぞご了承ください。強烈な表現で説明させていただかないと、その組織に存在する、「絶対に避けるべき状況」をなんとかしようという、気概になっていただけないからです。

これは、重要なことだと思われないだけならまだしも、世間でも「そういうことって普通だよね」のように認識されていることが圧倒的に多く、いわゆる「社内常識」や「一般常識」にすらなっていることがあるから、大問題なのです。

これから説明していく5つの落とし穴について、なかには「このデ・スーザというのはトンチンカンな理屈を吹っかけてくる」と、拒否反応をしめされたり、「メディアで専門家が言っていることや、これまで一生懸命勉強してきたことと全然違うからダメだ」と怒り出す方もいらっしゃるかもしれません。

確かに、これまで、世間で見聞きしてきたことと違ったり、貴社の社内慣習を壊すような話をするわけですから、当然、批判も覚悟のうえですが、せっかく本書を手に取られたのですから、ここは少し我慢いただきまして、読み進めて頂けますと幸いです。

そもそも、世間でよく見られるマーケティングセミナーや、その成功事例、メソッドに問題が多いのは、「そのポイントだけ」に終始した「個別」の話をしていることが多く、後工程や、その施策の最終的な評価となるはずの「売上貢献」の部分が、ゴッソリ抜け落ちたまま、「本質的にはこうです！」と、恣意的な（場合によっては、自社サービスを売るための）ポジショントークがされていることがほとんどだからです。

あるポイントだけで成功した施策を、さもマーケティング全体の成果のように広げられても、流石に無理があります。たとえば、先の店頭チラシの例ではありませんが、**「これで集客が爆発！」とか言われても、「……売り上げは？」のようなツッコミどころが、満載だったりします。**

教育や研修にしても「これをやればカンペキ！」のような話は、その企業のリソースと、背景、あるいはフォローがあったから、上手く行ったんですよね？　というようなケースもございます。

つまるところ、「やった感」は出せても、「実際に業績改善に使える情報」にはなっていません。

そもそも、そんなに大成功だらけなら、私の仕事のような組織構築のニーズなどあるわけもなく、どの企業も人材育成や、組織構築や、ビジネスのデジタル化に困るはずがありません。

学ぶべきは、多くの**しっかりした事例と実績に基づいた、本質的な成功手法です。属人的な要素に関係なく、汎用的だからこそ、どんな企業でも、効果が最大化するのです。**

（余談ですが、弊社のＷｅｂサイト　https://marketersbrain.co.jp/ では、各業界の実績ある企業様を、私のクライアント様として**実名かつ、成果も具体的に、感謝のコメントを**

頂戴したうえで、「クライアント企業様 コンサルティング事例集」として掲載、紹介させて頂いております。コンサル会社にありがちな、「某有名企業で実績あり」などの表現のぼかしや、企業ロゴだけを掲載しつつ、支援内容や成果にまったく触れないような不明瞭な紹介は、一切しておりません）。

私は職業がら、通常の方が成しえないような数のクライアント様のマーケティング組織の内情を見てきましたが、多くの人が勘違いしてやってしまいそうな「5つの落とし穴」こそ、最優先で抑えておくべきことと考えています。最も重要な基本だからです。

もちろん、すでに何の問題もないマーケティング組織を構築され、ビジネスのデジタル化を果たされている企業様は、基本がシッカリなされていると思いますので、本章を読み飛ばしていただいても結構です。しかし、ビジネスのデジタル化をしっかり果たして、自社の利益に貢献されることを目指すのであれば、この「5つの落とし穴」は、ぜひ目を通してください。必ずや、お役に立つことでしょう。

実際、これまで支援に入られた企業様では、

「いままで、とんでもない勘違いをしていた」とか、「これまで、わかっていたようで、まったく自社製品の売り方がわかっていなかった」とおっしゃいます。

それだけ、マーケティングの成果を出せない「ダメ地雷」を踏むことを、知らぬ間にやってしまっているということなのです。

それでは、各社で取り組んだ内容をもとに、説明をしていきましょう。

・マーケティング組織が、自分たちの「目標」だけにこだわり過ぎていないか

・マーケティング組織の「ひとりよがり」

「営業が全然、動いてくれないんです……」と悩むマーケティング組織の人がいます。「引き合い（リード）の種類をどんどん増やして、メディアにも成功事例として紹介されているし、サイトも充実している。たくさんの来訪者も来ている。なのに、営業サイドが全然仕事をしないのが悪いんです」などと、完全に相手のせいだけにして、愚痴をこぼす人すらいます。

いずれにしろ、事実、ビジネスの仕組みのデジタル化が出来ていない**ダメ企業では、どれだけ引き合いを増やしても、その引き合いが、実際の営業に移っていくフェーズでは、まともな確率でクロージングがされていません。**

いきなり「ダメ」呼ばわりで恐縮ですが、実際、たとえば某社では、さまざまなお客様のお困りごとに答えてあげるための記事コンテンツと、「お役立ち資料（ホワイトペーパー）」が、よりどりみどり……といった状態で、Ｗｅｂ上に掲載、情報提供がされていました。

思わず「この会社、メディアか何かでしたっけ？」と、担当の方に聞いたほどです。

みなさんも利用されたことはありませんでしょうか。そこに行くと役に立つ情報や、業界のトレンドが掲載されている情報メディア……と、思いきや企業のＷｅｂサイト。ちょっとした、Ｑ＆Ａや、勉強になる情報、はたまた、何かの業務・作業に必須のテンプレート（ひな形）まで充実していたり……と、使えそうな情報が満載な、便利なＷｅｂサイト。

こういう話をすると「これはむしろデジタルマーケティング施策の常識だろう！　お前は何もわかっていない！　実際にＳＥＯ（自然検索）で集客もたくさん取れるし、情報が充実しているのは良いことじゃないか！」と反論し、食ってかかってくる方が必ずいます。「事実、このやり方でたくさんの引き合いを作れている！」と、我がもの顔で「過去最大の反響を取りました！　これが、私のマーケティング実績です！」とメディアなどでＰＲされている方すらいます。

彼らの言い分としては、「我々は、たくさんの引き合いを作っている！」という話らしいです。実際、そこから商談化して、受注する例も「まれにある」そうです。ただ、この発言は、自社の営業からは非常に嫌われる典型なのですが、さて、みなさんは、なぜそうなると思いますか？

そもそも、「来訪ユーザーのニーズに合わせる」……と言えば、聞こえはいいでしょう。

しかし、批判を恐れずに言ってしまうと、こういう企業のマーケティング組織の担当者は「自社製品の魅力を正しく把握しておらず、まっとうな方法では、引き合いが取れないから、とりあえず網を広げている」にすぎません。

つまり、マーケター自身が「自社の製品が、選ばれる理由」をよくわかっていないのです。

だからこそ、「引き合い（リード）の質はとりあえず置いておいて、数をまずは集めて、自部署の予算を達成したい」のような保身的な思想も働いて、とりあえず「お役立ち資料」を「あった方が（無いよりも）良いから」という理由だけで（営業に無断で）量産してしまったのです。

なお、誤解の無いように補足しておくと、仮に、同じようにたくさんの資料が用意されているWebサイトを持つ企業でも、「ビジネスの仕組みのデジタル化」が真っ当に機能している組織では、営業組織はこれらの「一見して薄い見込みの引き合い」に対しても「確実に稼働」しますし、そこから実際の売上・成果もあげていき（け）ます。

そういう組織における「お役立ち資料」ライブラリの存在を、私は否定していません。むしろ、戦略的に組み上げられた高度な施策であるとすら思います。

ただ、問題は、それで上手く行っている会社が世の中にあるからと言って、「姿、かたちだけ」を模倣すると、「最悪の悪手」になると言っているのです。

つまり、この問題の本質は、引き合いの種類や量が多いこと……ではありません。

それらの、「十把ひとからげ」になっている引き合いが、「実際の営業アクション、もっというと売上に、つながっていないこと」です。

こうなる理由は簡単です。要は、マーケティング組織が、自分たちだけで「頭でっかちに」物事を考えて、「営業が欲しい引き合い」ではなく「勝手に（自分たちの都合の良いように）想像した、ユーザーの求める引き合い」を「こうに違いない」と決めつけて、供給しているからです。

要するに、「こういう引き合いが来て、こういう会話をしたら商談になりそうだよね。一緒に頑張りましょう！」と言う「握り」が、マーケティングと営業の組織間で出来ていないのです。

事実、そういう独りよがりの思想で作られた資料は、営業組織からしてみれば、「実際に電話して、どういう会話をしたら良いんだよ、コレ？」と、言うような引き合いになっています。

たとえば、「最近の○○業界について」のような、ものすごいふんわりした内容の資料を提供し、ユーザーにダウンロードさせたマーケティング組織から「こちらは成果をあげましたよ！　さあ、これで商談を作ってください！」と、無茶ぶりされているような状態です。

そんな対応を、引き合いを供給する側であるマーケティング組織サイドが行えば、受け取る側である営業組織が、マーケティング組織をどう思うかなど、火を見るよりも明らかでしょう。

実際、そういう資料を得た人にアクションを起こしても、「情報収集をしたかっただけ」とか、「新人で、部署に配属されて勉強のために……」など、現在のみならず、将来的にも、お客様になる可能性がほとんどないような方たちばかりであることが珍しくありません。営業サイドも最初は期待して、真面目に対応していたはずなのに、これらの引き合いに対して電話をいくら繰り返しても、「商談化しない」どころか「見込みすら見えない」から、「おまえらのよこす、ゴミみたいな引き合いなんか対応したくない」と、本気で怒り、そっぽを向いてしまうのです。

さらに悪いことは、そういう引き合いが増えてくると、今度は、「引き合いの数」が増えすぎて、営業はクロージングどころか、「対応すること」そのものが仕事になっていくのです。「ノイズ」が、多すぎて、良質な引き合いが、どうでもいい引き合いの中に埋もれてしまうのです。

これでは、売上に寄与する「ビジネスの仕組みのデジタル化」どころの話ではありません。

そうならないために重要なことは、どんな「引き合い」のつくり方であれ、マーケティング組織は、それを後工程のプロセス（たとえば、インサイドセールスと呼ばれるコール部隊や、営業の担当者）の「仕事に繋がるか」をしっかり熟考したうえで、施策を展開することです。

そのために、マーケティング組織は、「営業を理解」する努力をしなければなりません。

極端な話をすれば、時に自らが架電し、時に自らが、泥臭くとも営業におもむくべきなのです。その「現場」を知らずして、ひとりよがりで頭でっかちに、インテリを気取って理屈を一方的に押し付けるから、とんでもない摩擦が生じるわけで、ここは、マーケティング組織が、営業組織に対して「一歩引くべきポイント」です。

なお、マーケティング組織の生み出す、「引き合い」が、独りよがりなのか、後工程をちゃんと考えて作られたのかを判断することは非常に簡単です。

シンプルにマーケティング担当者が「自分で、売ってみればいい」のです。

こういうことを言うと「なんてことを言うんだ！」と言い、怒り出す人が、たまにいます。しかし、私にしてみれば、この話に反論する事の方がおかしいのです。自分が「売れないかも」と、少しでも思っているものが、なぜ、他人なら、なんとかできると思うのでしょうか。

実際、優秀なマーケティング組織は、自らが作り出した「引き合い」で、みずから架電し、商談を作ることも、受注をとることもできます。

実は、私も現場でマーケティング部長をしていた頃に、営業部長に営業同行をしてもらい（！）、目の前で自分の作ったＷｅｂからの引き合い、問い合わせを商談化。そのまま営業し、受注して、営業部長を「そんなトークでも受注がとれるのか!?」と、驚かせたことがあります。

これが出来る理由は簡単です。なぜなら、戦略的に構築されたマーケティングとは、「どういうニーズのお客様が何を求めて、この資料をダウンロードしたのか？」を理解できる構造になっているからです。したがって、「商談の席で、相手に何を伝えるべきか？」も、「どういう話をすれば、前向きに検討頂けそうか？」も、あらかじめ「勝ちパターン」が設計されているのです。

だからこそ、その「引き合い」に対して架電したときに「話す内容」もある程度、確定することができますし、誰が話しても同じようなアポイントの獲得率を生み出すことができます。しかも、同じような形で作り出した商談ですから、会話の内容もある程度方向性が決まっており、結果、受注率を個人の実力に依存させず、安定させることすらできるのです。

つまり、良質な引き合いは、すべてにおいて**「再現性が非常に高い、ビジネスの仕組み」が作れるんですね。**それが、営業組織にとってどんなに「楽」なものなのかは、言うまでもありません。

ポイントは、**マーケティング組織が「取りやすい」引き合いの数を増やすことではなく、商談化、受注に直結するような、「営業から見ても、質のいい引き合い」を増やす**ことです。

たとえて考えてみれば、それが正しいことは明らかです。仮に、

・月に1万件の引き合いが来て、1件も受注できない組織と、
・月間で30件しか引き合いがないが、すべてを受注できる組織。

あなたが経営者なら、どちらの組織を評価しますか？　という話です。

極端な話をすると、売上のつじつまが、きちんと合えば、引き合いの数がマーケティング組織の予算（中間指標）に届いていなかろうが、本質的には「実は、どうでもいい話」なのです。

その戦略と「本質的な実績（つまり売上寄与）」を、きちんとマーケティング組織として他部署や、上席に説明・連携ができていれば、何の問題も無いわけですから。

マーケティング組織みずからが「手段を目的化しないこと」こそ、本質（売上）に寄与する、ビジネスの仕組みのデジタル化を実現するための、第一歩と言えるのです。

・組織間が「社内の政治戦争」を起こしていないか

・実は、皆が気にしている、組織の「誰」が、偉いのか

先の例でお伝えした通り、マーケティング組織が、営業組織や、インサイドセールスと言った、後工程との「連携」を意識することは非常に重要です。実際問題、ほとんどのケースで、営業する実働部隊の活躍なしに、マーケティングの成果は、証明できません。

ですので、先ほどの1つめの「落とし穴」の解説でお伝えした通り、マーケティング組織側が営業組織側を理解せずに、勝手に戦略の話を進めていっても、組織間の軋轢（あつれき）が大きくなるだけで、良いことは何もありません。

しかし、実は逆の話もあって、たとえば、「論理」は正しかろうとも「進め方」を間違えたがゆえに、どうでも良い社内政治が勃発してしまうケースもまた多いことも、あるあるのひとつです。

マーケティング組織の責任者は、企業の営利活動における急先鋒にいます。引き合いを生み、後工程の人間につなぐことが仕事なわけですから、この立ち位置を変えることはできません。

また、マーケティング組織は、それと同時に「お金を使う部署」でもあるため、とくに「売上寄与」について考えると、将来的には、「会社全体の広告宣伝費の割合」と言った、一番大きな粒度（経営レベル）まで、目を通していくことも珍しくありません。

つまり、組織において縦軸（経営〜現場）と言う視点で見ても、横軸（部署を横断した動き）で見ても、マーケティング組織というのは、「守備範囲がとにかく広い（関わる部署が非常に多い）」という特徴を持っています。

だからこそ、「こと」は慎重に運ばなければ、なりません。

たとえば、マーケティング組織が主導となり、自分たちの引き合いを、コールアウトする部隊につなぎこみ、そこでの架電状況を把握しつつ、営業におけるトークスクリプトや、商談化率などまでに「目を通す」……そんなルールを「決めた」としましょう。

そして、それを他部署に周知して、企業としてこの取り組みを推進させようとしたとします。

さて、この話。理屈の上では何の問題も無いのですが、残念なことに企業・組織というものは、人間が動かしているため、そこに「各々の感情」が存在します。逆の立場で捉えてみればわかりやすいのですが、たとえば、あなたが営業組織の部長だったとして、「他部署（マーケティング組織）の部長」が、自分の部署のチームメンバーの営業手法や、案件管理の方法に、あれやこれや……と、口をはさんできたら、どう思うでしょうか。

そこは、大人に「会社全体の事を考えているのだから理解できる」と、なれば理想的なのでしょうが、多くの人間が関わっている以上、ことはそう単純には運びません。

「なぜ、おなじ職務等級のあいつに、うちの部署のやり方にまで口を出されないといけないのだ」とか、「営業（現場）の事がまるでわかっていない奴の言うことを、なぜ聞いてあげないといけないのだ」などと（特に成果が出る前の局面では）思われる人がいても、それ自体は、（相手の立場に立って考えてみれば）実に自然な話です。

かといって、「この件のプロジェクトオーナーは、われわれマーケティング組織だから」と、無理に「ごり押し」をしてしまうと、本来、味方になるはずだった後工程の組織たちは「誰が、マーケティングの連中なんかに協力してやるものか」と、これまたそっぽを向かれてしまうことでしょう。

この非常に大きな「組織の動かし方」の問題。

一般的には「人間関係」などの簡単な言葉で片付けられがちなこの問題ですが、そこに責任転嫁したとして、状況が解決しなければ、何の意味もありません。それを解決するために、貴社（あなた）が何をすべきかと言うと、**それは、組織改編でも、人事異動でもありません。**

あなたが成すべきは、まず、マーケティング部署のすぐ近くから「小さく始める」ことです。

人間を動かす話の例として、有名な「北風と太陽」と言うイソップ寓話があります。

コートを着た旅人を、北風と太陽が「どちらが脱がすか」という勝負をし、北風は、コートを吹き飛ばそうと、勢いよく風を吹きかけるのですが、旅人は逆に「これは、コートを飛ばされてはたまらないぞ！」と、しっかり羽織りなおす始末。

それに対し、太陽はしずかに燦々と旅人を照らし、「ふう、太陽が気持ちいいな。しかし、これでは暑くてかなわない……」と、旅人は、自ら、そのコートを脱ぐ……そんな話です。

マーケティング組織と、営業組織をはじめとした、各種部署との関係性もこれに似ています。「こちらがルールを決めたのだから、徹底してもらわねば困る」などと、大上段からモノを言って（風を吹かせて）も、まず、相手が動くことはありませんし、むしろ険悪になるだけです。


これは、たとえ、私のようなプロの人間がやっても同じことになります。「外部から来たコンサル風情が、うちの会社の事もロクにわかっていないくせに、何を言っていやがるんだ」と、本音では思われるのがオチです。

それが、どんなに鳴り物入りでやってきた人間でも、この根本的な「なんだか、気に入らない」と言う感情をどかすことは、まずもって不可能なのです。


では、そういう状況になりがちな組織を、どうやって動かすのか。

その解決策こそが、あなたのすぐ近くにいるはずの「小さな賛同者」を見つけることです。それは、(時として) マーケティング組織以外のスタッフでも構いません。特に、「デジタル」という言葉は、年齢が上の人間ほど、拒絶反応を示しやすいワードなので、若い人を中心に声をかけてみて、専用のプロジェクトチームを立ち上げてみるのも良いでしょう。

「デジタルを活用して、営業を楽にするための仕組みを作っているのだけど、ちょっと新しい方法に協力してもらえないかな?」などと、(そういう事が好きそうな人に) 話をし、その時に、「それ、面白そうですね!」と目を輝かせてくれた人。そんな人たちで、(もちろん、彼らの上席にも仕事の邪魔にならないよう調整のうえで) 数名で、まずは実験的にでも始めればいいのです。

そして、小さくプロジェクトを動かしてみる。

そうすると、正しい手順で物事をうごかしさえしていれば、かならず何らかの成果が出てきます。それを特に声高に自慢するでもなく、黙々と展開し続けていればいいのです。そうすれば、次第に、その協力者の個人成績が伸びたり、仕事をスムーズにこなせるようになる……といった、「事実・結果」が生まれるからです。

実は、どんな部署・組織においても、メンバーが一番気にかけているのは、良くも悪くも「自分の部署の他のメンバーの動向」です。同じ部署の人間からすれば、特定のメンバーだけが、なにやら新しい手段を通じて成績を伸ばしている……となれば、こちらからお願いに行かなくても、「なにやら、最近○○さんと色々やられているようですが、私にも教えてもらえませんか？」と、あちら側からお声がけに来てくれるものです。

そういうチャンスに、(あなたは、もともと否定的だったですよね)などという思いがあったとしても、そう言った過去はサラリと水に流して、「ええ、どうぞ！　一緒にやってみませんか？」と、快く受け入れることで、徐々に貴社の組織に、「デジタル化の輪」が広がっていくのです。

マーケティング組織というのは基本的に「お金を使う部署」ですから、対外企業（特にお金を払ってもらう側の企業）からは、「広告主様」として、ちやほやされがちです。たとえば、特別なイベントに招待してもらったり、それっぽいイベントで登壇者として呼ばれ、先生扱いをして貰ったり、事例としてメディアに掲載されたり……。ただ、先に申し上げた通り、マーケティング組織の成果は「ほかの部署の協力があってこそ」です。

同じ仕事をしているのに、マーケティングの部隊だけが、表舞台に出ていくようなことが散見されれば、その辺りを「奴らだけズルい！」と、妬ましく感じる人がいない訳がありません。

だからこそ、社内には慎重すぎるほど丁寧に。己の成果に傲慢にならず、しっかりと実績を積み上げて、周りを味方にしつつ、巻き込みつつ、組織人として、会社全体の利益に貢献することを、マーケティング組織の中核メンバーは、常に、誰よりも、心掛ける必要があるのです。

・組織の体制が定まらず、組織改編を繰り返していないか
・インサイドセールスは「誰かの下請け」ではない

「これで、何回目の組織改編なのだろう……」

マーケティング組織そのものの在り方はもちろんのこと、とくに、マーケティングから来た引き合いを架電し、温度感を高めてから営業にアポイントを供給する部署、通称「インサイドセールス」の組織。特に、この「引き合いを育てる組織」の所属が、事あるタイミングごとに、マーケティング側にフラフラ、営業側にフラフラと、所属が移動し続ける企業は、実は案外多いものです。

ただ、そのたびに、優先されるべきルールも、あっちへフラフラ、こっちへフラフラ……と、コロコロ変わったりするものですから、部署のチームメンバーはたまったものではありません。

いつまでたっても真の目的が定まらず、「また、新しい上司が、違うことを言いだした」と、モチベーションは下降線をたどる一方……というのは、ダメ企業における、陥りがちな罠の典型的なパターンと言えます。

実は、この問題が発生する背景は簡単で、要は「期待された ほどの売り上げを生み出せていないこと」がすべてのベースにあります。それが、通期なのか、半期なのか、単月なのか……という我慢の差はあっても、これがこの事象の根底にあることは間違いありません。

さて、問題は、「その事象が、どうすることによって解決できるか?」ということになります。

その解決の糸口をご理解いただくために、まずは、営業とマーケティングが、「インサイドセールス/コールアウト」に対して求める「文化」の違いから触れていきましょう。

すでに何度か過去の章でも触れてきていますが、マーケティングは、「引き合い」を重視しがちなのに対し、営業組織は、「期内の売り上げ」を重視します。一見して「同じ」方向性に見えるのですが、圧倒的に違う部分があります。

ビジネスの「仕組み」をデジタル化する重要な項目として、本章の一章、A社の例で、「飛躍のきっかけ」として触れていた話です。

さて、みなさまは、それが何かを覚えていますでしょうか。
それが「時間」の概念です。

要は、営業組織というのは、目の前に案件がないと、そもそも「自分たちが稼働できない」と言うリアルな事情もあって、目の前の「いますぐのお客様」を重視します。つまり、引き合いの発生から、訪問までの期間が、せいぜい最大、１カ月程度と、期間が「短い」のが特徴です。

対して、マーケティング組織とは、日々の引き合いを作っていますから、目の前の仕事に困ることとは、とりあえずはありません。ただ、「成果の最大化」と言うことを考えれば、「多少時間がかかっても、いずれ成約に繋がればＯＫ」と言う比較的ゆるやかな立場を取りやすいのです。

時と場合によりますが、展示会の出展や、テレビＣＭでのキャンペーンからの成果などは、私の経験上、半年～1年くらいはかかることも多く、営業組織からしてみれば「なにをのんびり構えているのだ」と言われてしまうくらい、どっしり構えていることも珍しくありません。

さて、問題は、その「間」に立っている「インサイドセールス」の部隊です。この組織の役割は、マーケティング組織から起こされた「引き合い」を、商談化出来そうなフェーズまで温めて、アポイントを取得し、営業につなぎこむ……と言うアクションが、企業から期待されています。

お客様の温度感が、すべからく高い場合は、営業側で直接処理してもらうこともありますから、インサイドセールスが受け持つ案件は実質、比較的、温度感の低い「引き合い」に対して、徐々にお客様とのコミュニケーションを行い、商談にしていくという難しい仕事になります。つまり､営業側が「いますぐ客」を求めているのに対して、インサイドセールスは「これからのお客様」にも目を向けている、と言うことです。

さて、ここまで解説すると、なんとなく問題の根っこと、解決の糸口が見えてきそうです。要は、(たとえば銀行に例えると)、マーケティングの組織側は、「しっかり温めてください」と、定期預金の預け入れをしているのに対し、営業の組織側は「なにを、のんびりやっているんだ。早く出してくれ」と、満期になる前に、引き出したがる関係性になっているのです。

実は、これ。どっちの組織から見ても「（自分たちの組織にとって）間違ったことをしていない」ので、ものすごく判断が難しい話になってしまいがちです。ただ、１つ明らかに言えることは、インサイドセールスの部隊が、営業組織側の傘下にあるときは「いますぐの引き合い＝短期でのアポイント率」を重視されがちですし、マーケティング側の傘下にあるときは、「成果の最大化＝長期まで含めたアポイントの確実性」を重視されがちになる……と言う事実です。

この状況を解決するためには、（一章でも、触れましたが）次の事象に対する判断を「インサイドセールス部隊」そのものが、主体的に行う必要があります。

〝なぜなら、たとえば同じ企業でも、決算月で、どうしても今月売り上げを立てたいのであれば、50％の確率でも商談を持ちかけることでしょうし、予算に余裕があれば、「待つ」と言う選択肢をとることになるだろうからです。〟（本書一章より抜粋）

つまり、インサイドセールスは、営業組織、あるいは、マーケティング組織、いずれの下請けでもなく、独立した、「商談の供給量」の執行権を有することが、本来は、望ましいのです。

では、そうなるためには、あなたは、どうしたらいいと思いますでしょうか。

正直、さまざまな企業の組織形態や文化がありますから、ひとえに「これが正解です」と言うのは流石におこがましいのですが、私は、「営業組織のトップ、あるいはリーダーだった人材が、インサイドセールスのトップになり、マーケティングの組織に入ること」を推奨しています。

この、「営業のトップやエース」を、営業現場から「離す」と言う話をすると、「そんな、大それたこと、できるわけがないだろう！」と、半ば反射的に拒否反応を示される方が本当に多いです。しかし、少しだけ冷静になっていただき、説明の時間をください。

そもそも、営業部隊は仕事の性質上、交渉力が高く、（手段はさておき）押しの強い人材が多いものです。そして、現場の事も解っているし、日々数字のプレッシャーと戦っている。そういう人材が、引き合いが足りないときに、必死の形相で、インサイドセールスのスタッフに「頼むから、案件を出してくれ」と、相談にいくことは、非常に良くある話です。

この時、インサイドセールス側の人間が、（相対的に）営業より「弱い（性格上、立場上など）」人間だったら、どうなるでしょう？「わ、わかりました……！」と気おされてしまい、守るべき「引き合い」を守れず、結局は、引き合いを温め切らないまま、流してしまうのです。

しかし、この時、相談する相手が「元、営業時代の上司」や、「もと、営業のエース」だったらどうでしょう？「いや、こちらに相談するまえに、もう少し何とかならないか？」とか、「それなら、これを出すが、こういう風に商談を作ってくれないか」など、建設的な議論が始まります。

そういった「引き合いを、出さずにつなぎ留める」と言う効果はもちろんのこと、もともと敏腕だった営業マンが、「この案件なら、取れるから頼むよ」と言う風に出した商談（アポイント）は、それを受けた営業にとって非常に信頼感のあるものになり、成果を生み出しやすいのです。

そして、それら一連のアクションは、営業の時代では「ひとり」だったエースの力が、インサイドセールス側に行くことによって、「エースの知見を拡散、量産出来ている」ことにも繋がるのです。

だからこそ、優秀な営業が、インサイドセールスのトップを務める事は、会社全体の売上、利益を考えたとき、「長期的には」理にかなっているのです。

これが「1つ目」のメリット。営業組織側に対するメリットです。

そして、もう一つ。忘れてはならない、営業組織にとっても、非常に重要なメリットが、今度は「対マーケティング組織」に対して、存在しています。

それが、エースは、マーケティング組織と、「営業脳」で会話できるというポイントです。マーケティング組織側で行動するようになった営業……というのは、基本的にマーケティングの事情を理解しつつも、実際は、常に、過去自分が所属して、現在仲間が戦ってくれている「営業組織」との関係性も頭に入れています。

したがって、マーケティング組織の生み出す「引き合い」が、営業にとって「商談化が非常に困難なもの」だと感じた時、「さすがに、それは違うだろう」と、引き合いの供給側である、マーケティング組織サイドに「ダメ出し」をできるのです。もちろんそれは、元、営業のエースだった経験に裏打ちされた知識があればこそなせるものであり、新人営業マンには到底できない仕事です。

この状況になれば、みなさんも、冒頭でお伝えした「インサイドセールス」の、（営業組織、あるいは、マーケティング組織の）下受けのようになっている……という問題は、すでに起こりにくくなっていることがわかるでしょう。

流入元の工程（マーケティング）に、品質管理を求め、流出先（営業）の工程に、自助努力を求める、「強い」インサイドセールス組織は、（元）営業のトップやエースによって運営されることで、成立しやすくなり、会社全体に利益をもたらすという事実について、ご理解頂けたかと思います。

ちなみに、インサイドセールスという組織は、「ビジネスの仕組みのデジタル化」を行うにあたって、最初のフェーズから無理に用意する必要がある組織ではありません。

たとえば、マーケティングと、営業組織が、取り急ぎ、相互の関係だけで（二章でいうところの）Aゾーンの領域をある程度やりきってからでも十分です。

デジタル化の動きが、社内である程度進んだ時点で、お互いが「もう少し中長期的な引き合いを育てて、成果を最大化しよう」と考えたフェーズで、組織の設立を検討するとよいでしょう。

ただし、くれぐれもその際には、ダメ企業で本当に良くありがちな、「実営業のない部隊だから、とりあえず、対面営業の苦手な、若手の営業スタッフを集めればいいだろう」みたいな場当たり的な組織のつくり方はしないで頂けると幸いです。それをしてしまうと、ほぼ間違いなく、ただの「成果の出せないテレアポ部隊」になり果てます。

もし、あなたがインサイドセールス組織に、デジタル化されたビジネスを作る「橋渡し」の役割を本気で期待するなら、この落とし穴は、必ず避けられるよう、心しておいてください

・とりあえず、必要そうな情報をＷｅｂサイトに載せておけばいいと思っていないか
・あるものをすべて見せようとすることが、なぜ愚かなのか

ダメ企業の共通点。その４番目は、商品に関連ありそうな情報をあるだけ、そのまま自社のＷｅｂサイトなどに掲載し、読み手の事をまったく考えていない構成になっていることです。

私の知っている限り、業績に寄与するビジネスのデジタル化が出来ている企業は、自社の商品について、流れるように相手に理解をさせることができます。

「この商品の良さは何か、読み手（お客様）にとってどういうメリットがあるのか、競合よりもピッタリな理由は何か……」などの必要な情報が、ものの十分程度もあれば、スムーズに受け手の頭の中に入ってくるのです。

しかもこの傾向は、優れたマーケティングを展開されている企業ほど顕著で、小学生から老人まで、どんなにその商品、サービスについての知識・理解がなくても「なるほど」と言ってしまうような、簡単かつ、わかりやすい訴求を行い、確実に売上にしていくのです。

一方で、ダメ企業の展開はと言うと、よくわからない横文字を並べて、煙に巻くような説明をしてみたり、素人では到底理解できないような難しい実験データなどのグラフをそのまま掲載してみたり、あるいは専門用語が並べ立てられていたりします。

そんな状況ですから、ユーザー（読み手）はその商品、サービスを導入したときの「イメージ」を作り込むことが非常に困難で、とりあえず、よく分かっていないまま、問い合わせをしてくることも珍しくありません。

「たくさんの情報を開示している」と言えば聞こえは良いですが、そもそも、お客様は、悩み事を解決したいながらも、そこに対する知見が薄いからこそ貴社サイトを訪問してくるわけです。

そういった方に、パンフレットをポンと渡すようなコミュニケーションから、「そこにぜんぶ載っているから、好きなところから読んでください」と言うようなアプローチを行うことが、真のビジネスのデジタル化なのか？　と聞かれれば、答えはもちろんＮＯと言わざるを得ません。

こういう企業に理由を聞いても「だって、それがうちの製品（サービス）の正しい情報だから」と言う言葉が返ってくることがあります。

しかし、これはご自身の扱っている製品に対して、「なぜ、お客様は自社の製品を買ってくれたのか。どうして選ばれているのか」を、きちんと精査して考えたことが無い、というのが本当のところです。

要するにまともに考えたことがないということです。

社員が、自社の製品が、顧客から選ばれる真の理由をまともにつかまないまま、プロモーションを仕掛けると言うことは、それはたんなる個人的な経験と勘でアプローチをしているということになり、当然、戦略的なマーケティングからは、ほど遠いところにいます。

詳細なコンサルティングをするまえに、お客様にこの話をすると、たまに「ふざけるな！我々が、真面目に仕事をしていないとでも言いたいのか！」と、怒りだす人がいます。

しかし、冷静に考えてみてほしいのですが、自社の製品が売れる理由を組織の統一見解として持っていないマーケティング組織が、外部に対してアプローチを行ったとして、それは、「個人の経験に振り回される一貫性のない、行き当たりばったりの仕事」と言われても仕方ないのではないでしょうか。

過去に、私のコンサルティングで、この辺りの「あぶり出し」をした、面白い例があります。

それが、ある「美容せっけん」についての話です。

この会社では、デジタル広告を活用して、自社の「成分に自信がある」、自然由来の美容せっけんを売ろうとされていました。そのワークショップの席で、最初に「この商品は、誰に売っていますか？」と確認したとき、部署の人間はほとんど全員が、ざっくりと「30代くらいの女性で、昼間は働いているような人。独身が多い」と、言ったような「デモグラフィック（性年齢などの属性）」の話ばかりをされていました。

そこで、ちょっとしたワークをしてもらい、実際のところを掘り下げてみました。

その発表の際、ある社員の方がターゲットについて「この美容せっけんは、肌の黒ずみが気になる人に使って貰うものです」と、発表されていました。しかし、そのタイミングで、同じ部署で、同じ仕事をしている別のメンバーが、なんと「それは違うと思います」と言い出したのです。

そして、その異論をはさんだ方に「では、どういう方に向けてのものですか?」と聞いたところ、この方は、「この美容せっけんは、美しくなりたい人が使う商品のはずだ」と、発表したのです。

さて、そうなると、この「美容せっけん」の競合は、医薬品なのでしょうか。美容品なのでしょうか。どこに対して、何の優位性を見出すべきなのでしょうか……と、言った感じになりました。

お分かりでしょうか。同じ商品を扱い、本来、同じように「30代の女性〜〜」と言っていた、同じ部署のチームメンバーが、たった1つのワークで、これだけ違うことを言いだしてしまう。

そういった状況が発生してしまう理由は、誠に僭越ながら、「なぜ、お客様は自社の商品を買ってくれたのか。どうして選ばれているのか」が、組織として、定まりきっていなかったことに他ならないのではないでしょうか。

だからこそ、企業は、ここに真に向かい合い、自分たちなりの仮説を（どんな形であれ）「定める」ことをしなければならないのです。でなければ、その会社は、いつまでも同じ商品を売りつつも、微妙に違うターゲットをお互いが狙い続けることになっていたことでしょう。

そして、社内では「なぜだかわからないが、微妙に他のメンバーと感覚がずれている」と言う違和感を抱えながら、お互いに仕事をしていたかもしれないのです。

売り手側が、「売り方のイメージ」を持っていないとき、その企業のＷｅｂサイトに掲載される情報には、読み手が貴社の製品、サービスを理解するために、何について、どういう順で理解していくのか、と言う「プロセス」の概念がありません。要するに、整理されていない、「雑多な情報」に成り下がるのです。

そんな散々な状態の情報を、とりあえずサイトに、それっぽく並べたとして、それは読み手であるユーザーに対して、「とりあえず、自分で読め、必要なものは自分で探せ、足りないものは読み込んで理解しろ」と、暗黙のうちに強いているのと何も変わりません。

ビジネスのデジタル化が出来ている企業は、この辺りの要素を戦略的に組み上げ、なぜ、自社製品が売れるのか、その時、どのような情報が求められるのか、というプロセスをしっかり「理解」して、キチンと戦略に落とし込み、それを数字で管理して、常に改善する体制を構築しています。貴社においても、ただ、「見せ方」を、なんとなく「マネる」のではなく、ことの真意を理解したうえで、展開していく必要があるのです。

商品・サービスを売り込むのに必死になっていないか

・もろに現れる「ダメ企業」思考

ビジネスをデジタル化し、マーケティング戦略を立案・展開する「現代型のビジネス」が実現しない5つの落とし穴。その5番目は、「顧客に対して、自社の商品、サービスを積極的にどんどん売り込むことだけで、案件を作ろうとしている」企業です。

こういう話をすると、「いや、そんなことは企業として当たり前だろう。企業の存在意義そのものじゃないか！」と、反応される方も非常に多いのですが、論点が、少し違います。

ここでの論点は、ひとつです。それは、サービスや商品は、**「それを必要としている人間にこそ、価値がある」と言う大前提を忘れていませんか？** という話です。

つまり、とりあえず、ターゲットになりそうな属性（たとえば、業種、企業規模など）に、相手の状態も考えず、手あたり次第に「興味ありませんか!?　買ってください！」などと、アプローチをし続けてしまった場合、その戦略こそが、ゼロどころかマイナスになる大問題なのです。

こういう企業は、「下手な鉄砲も数を撃てば……」と言う発想で、とりあえず、ローラーの様にアタックを掛け続けます。単発の企画なら、まだ百歩譲って許せないこともないのですが、酷いと数年に渡って、何度も「総当たり攻撃」をかけ続けます。日々送られる大量のメルマガ配信、際限のない電話攻勢などという、形になって……。

電話なら、まだ、相手の声色を伺いながら、最悪空気を読んでコチラから話を切ることも出来ますから、どうにかなるかもしれません。しかし、特に困るのは、受け手の状況が見えないオンライン側の施策の数々です。

このパターンのダメ企業は、せっかく、お客様の情報を手に入れて（二章の図でいうAゾーンに呼び込み）メールなどでコミュニケーションができるようになったのに、そのとたんに、態度を豹変させ、ことあるごとに「買ってください！」「新製品が出ました！」と、メールやプレスリリース、メッセージ通知などを、なだれの様に、お客様の端末に降り注ぐのです。

あなた自身も経験がないでしょうか？

ちょっと会員登録をしただけなのに、翌週辺りから、イライラするほどの件数のメールや通知が届きだして、ほどなく登録を解除したり、アプリを削除したり、ブロックしたことが……。

そのご経験のとおり、そういうアプローチのやり方は、短期的には、(非常に低い確率ながら)「やれ、当たった」「やれ、断られた」などとやれるわけです。

しかし、そもそも、サービスを「いまは」必要としていない人間に、しつこいアプローチを続ければ、リアルでは、企業名を聞いただけで「出入り禁止」の扱いを受けることも決して珍しくありませんし、オンラインでも、遅かれ早かれメールの受信停止、あるいは迷惑メール扱いなどの措置を取られてしまうことでしょう。

これでは、相手に自社の事をよく理解してもらい、信頼をされ、興味を持ってもらったうえで、サービスを訴求するような関係性を目指していたはずなのに、貴社そのものが、相手から忌み嫌われる存在になってしまっています。

元も子も無いどころか、アンチを量産してしまっています。機会損失に他なりません。
さて、それでは、「商品・サービスを売り込むのに必死にならない」、サービスや商品を、「それを必要としている人間に、価値として届けられる訴求」とは一体どういうものでしょうか。

実は、ビジネスのデジタル化を行うときに、戦略的なマーケティングが、もっとも成果を発揮するポイントのひとつが、**もともと「興味のかけらもなかった人間を徐々に貴社のファンに変えていく」という育成の部分です。**
つまり、先だって、二章で説明を差し上げた、B～Dゾーンにいる人間を、Aゾーンに持っていくアクションそのものです。

アメリカの博士、セオドア・レビット氏が、その著書の中で「マーケティングの世界で古くから使われている格言」として紹介した有名なものに、「ドリルを買いに来た人が欲しいのは、ドリルではなく穴である」と言う言葉があります。

デジタルを活用して新規の引き合い、受注を生む「現代型のビジネス」を実現したいなら、このマーケティングにおける大前提を抑えずして、先の図、B～Dゾーンの領域の引き合いを、Aゾーンに持っていく戦略は成立しません。

解説をすると、とくにB～Dゾーンにいる人間は、「穴をあけたい」という欲求があったとしても、「その手段は、まるで問うていない」と言う大前提が存在します。つまり、この時点で彼らは「ドリル」と言う具体的な手段が、顕在化して（思いついて）いません。

極端な話をすれば、彼らは、簡単に、安全に、正確に……など、何かしらのメリットがあったうえで「穴があけられる」のなら、別に槍で突き破っても良いし、（自分にとってそれが本当に最適なら）ピストルをぶっ放して穴をあけたって何の問題も無いと考えています。

ただ、もし、そこで貴社が「それなら、ドリルを使うと便利ですよ！」とアプローチができたら、どうなるでしょうか。彼らも、色々調べていく中で「なるほど。ドリルと言うものを使えば、どうも安全で、安心で、簡単に、正確に穴があけられそうだ」と、理解するからこそ、ドリルを「指名して」買いに来るようになるはずです。

つまり、この時、貴社のドリル（商品名）を「指名して」買いに来たお客さんは、Ａゾーンに存在しますが、その段階にくるために、間違いなく「ドリルが提供する『価値』（安全、簡単、正確に穴があけられること）」を、Ｂ～Ｄゾーンのいずれかで、事前に「認知」したはずなのです。

この関係になっている図式を、意図的に作れており、かつ、それを施策として実践できているとき、その企業は、「ビジネスのデジタル化」が、出来ている状態と言えます。

先の図でいうと、「穴をあけたいだけで、手段を問わない人」が、Ｂ～Ｄゾーンに存在していて、その人たちに貴社が「気づき」を与えることで、彼らの「行動の変化」が起こって、貴社のドリルの存在を知り、Ａゾーンに、購買検討をするために喜んでやってきた。という流れです。

こういう関係、状態で、見込み顧客をＡゾーンに連れてくることが出来れば、そのタイミングで「いまなら、お得に購入が出来ます！　と言ったクーポンやメッセージを送るようなコミュニケーションをしたとしても、歓迎されこそすれ、拒絶されるようなことは無いでしょう。

それは、コミュニケーションの中身を「クロージングばかり」にせず、お互いの関係性、そこに至ったプロセス、相手の現状までを考えて、最適なアプローチをしているからに他なりません。

企業における、ユーザーとのコミュニケーション設計とは、こうありたいものです。

・悪いことは連鎖する

ここまで読まれて、もしかしたら、お気づきの方もいらっしゃるかもしれませんが、ダメ企業が陥る5つの落とし穴というのは、一見してバラバラに存在しているように見えますが、実は5つともが、非常に密接に関係しています。

ですから、「弊社は5つの問題のうち1つだけが発生していた」と言うことはまれで、たいていは、2つか3つ以上、あてはまる会社だと、5つすべてが当てはまる……と言うことも、決して珍しくありません。

たとえば、マーケティング組織が、自分たちの目標に固執している企業では、組織改編が繰り返されていることは珍しくありません。

また、商品、サービスを売り込むことに必死な企業は、長期的な戦略を持たないので、結局、どうしていいのかわからないまま、とりあえず必要そうな情報を、なんでもかんでもＷｅｂサイトに掲載していることも、非常によく見られる光景なのです。

これは、１つのダメな要素が連動して、更なるダメ要素を生み出す……と言うことです。要するに、ダメなことを１つでもやっていると、どれもこれも連動しているがために引っ張られて、すべてがダメになっていくと言うことです。

ですから、ビジネスの仕組みのデジタル化をおこない、「成果を上げるデジタルマーケティングの組織構築」を成すためには、ひとつずつやめるのではなく、５つとも同時にやめる必要がある」と言うことです。

「そんなことをしたら、組織が崩壊してしまう」とか、「いくらなんでも滅茶苦茶だ！」と言う声が聞こえてきそうです。

たしかに、これには相当の痛みが伴うでしょうし、そのことに対する組織の混乱や、動揺もあるかもしれません。

しかし、安心してください。「本質的なやるべきこと」や、「成功すること」を集中してはじめると、自然と「やらなくてよいこと」は、やらないようになります。

ちょうど、「夜食を食べない」「だらだらとスマホを見ない」「深酒はしない」などと、ひとつずつの事を始めるよりも、「夜十時になったら歯を磨いてベッドに入る」くらいの習慣づけをすると、自然と、他の事をしなくなるのと似ています。

幸い、貴社のビジネスの仕組みをデジタル化し、成果を上げるデジタルマーケティング組織を作るために「やらなければならないこと」は、実にシンプルです。

ただし、それは、多くの組織人にとって、自部署と関係ないように見えたり、他部署の問題にみえたり、あるいは、世間でいうことに反することだったりしているので、多くの人は最重視していません。

しかし、効果は非常に大きく、みなさまに意志と、やる気さえあれば、どんな企業にも必ずできることなのです。

最初のうちは、ついつい「5つの落とし穴」にハマってしまいそうになる企業様もいらっしゃることでしょう。

それも、「いずれ解決させるから、このくらいなら……」と考えるかもしれませんが、すべての施策は連動しており、この5つの何が残っていても、「ビジネスのデジタル化」は成立しないことを、くれぐれも忘れないようにしてください。ひとつでも許してしまうと、２つ、３つ……と、元の組織に、逆戻りしてしまいます。

これをさせないためにも、あえて「ダメ企業」と言う名前で呼ばせてもらいました。

私はこれまでに、様々な企業が、自社のビジネスの仕組みをデジタル化し、その背景で、自らの足で歩む「強いマーケティング組織」を構築して、目覚ましい成果を上げるのを何度も目にしてきましたし、実際、そのお手伝いをさせて頂きました。

それでは次章より、その実務ポイントについて、わかりやすく伝えていきたいと思います。

第4章

成果を上げる
マーケティング組織の
つくり方

1. 学んだことを、そのまま実行しても、ビジネスのデジタル化は成功しない

・勝ちパターンを作るための、大前提を知る

さて、成果を上げるビジネスのデジタル化と、それを動かす組織を作る方法をこれから説明していきますが、そのために最初に「マーケティングにおける独自性と、勝ちパターン」についてお話していきます。このことを理解していないと、後に説明することを理解できないどころか、最悪の場合、逆効果になってしまうこともあるため、まずはしっかり押さえて頂ければと思います。

まず、ビジネスのデジタル化で成果を出すためには、「貴社ならではの独自性は、きわめて重要」だということです。本書の冒頭でも、「独自の勝ちパターン」の話はしましたし、勝ちパターンと言う言葉は、本書で何度も登場してきました。もう充分だと思うのですが、なぜあえて繰り返すかというと、独自性を活用して、勝ちパターンを生み出す方法を、**意外と多くの企業が間違えているからです。**

たとえば、現代型ビジネスのアプローチには、ざっくりＡＢＣＤの４つの軸があると説明しましたが、この４つのゾーンいずれでも、展開される施策については、それ相応の戦略を持って、見込み顧客に対して、アプローチをされているはずです。何も考えていなければ、そもそも露出する材料も無いわけですから、それが存在しないことはあり得ません。

たとえば、自社が容易にアプローチ出来て、ユーザーからも良く理解されているＡゾーンでは、自社の「独自性＝強み」について、積極的に、さまざまなアプローチをすることが可能です。具体的には、新製品のＰＲ、新しい技術の紹介、サービスの事例などを送っても、ユーザーもまた、比較的、好意的にこれらの情報を受け止めてくれることでしょう。

Ｂゾーンは、Ａゾーンよりは手間がかかりますが、それでも相応に、相手はポジティブにはコチラの話を聞いてくれることでしょう。ただし、Ａゾーンほどは親密な関係ではない訳ですから、あまり直接的な訴求を、何度も繰り返してしまうと、次第に拒絶されてしまいます。

Ｃゾーン、Ｄゾーンになってくると、相手は基本的に、先ほどの章でいうところの「ドリルの事は知らない。とりあえず、穴が欲しい」人たちなので、より、彼らから、自社が興味を惹かれるような訴求をしていかねばなりません。

どのゾーンにせよ、自分たちの商品、サービスを選んでもらうためには、ユーザーに、魅力的に感じてもらえる「何か」を訴求していかなければならないことは間違いないでしょう。

さて、ここでひとつ質問です。

各ゾーンの施策のゴール（成果指標）は、通常、「誰が」設定しているのでしょうか。

デジタルマーケティングの世界には、「成果指標」と呼ばれるものがあります。デジタルや、マーケティングの世界に興味を持たれた方であれば、一度くらいは聞いたことがあるかもしれません。CTR、CVR、CPA、インプレッション、リーチ数、直帰率、視聴完了率……などなど。

Aゾーンだと、まず間違いなく、「売上寄与」の指標が見られます。自社で設定するものですから、我々自身が、目標を決め、社内で「さて、何件売り上げが上がった?」と、定期的な会議で報告されることも珍しくないでしょう。

デジタルの分野に出て行っても、このポイントは成果と近いため、比較的、売上への変換はしやすく、みなさん脳内である程度、それを（無意識的に）行っています。

Ｂゾーンだと、社内で回しているときはさておき、社外にアウトソーシングすると「１日あたりのコール数」を設定されたり、リマーケティングなどのバナー広告の施策であれば、先ほどのデジタル上における「引き合い数」の成果指標、ＣＶＲ（引き合いの獲得率）やＣＰＡ（引き合いの獲得単価）などが、代理店から提出されてくるようになります。

Ｃゾーンは、いわゆるリツイート数、シェア数などの拡散数とか、媒体費に換算していくらのという概算金額、あるいは、動画再生数、視聴完了率など、ＳＮＳであれば、そのプラットホームが用意する「指標」が存在し、それらを基準に、成果のよしあしを判断されている企業は多いことでしょう。

Ｄゾーンまでくると、「認知度調査」とか、リーチ数とか、延べ視聴率、来場者数など、さらに指標は媒体側の用意したものにまで広がっていき、正直、広告主である自分たちが、

「それが、本当に正しいものか？」すら、把握することが困難になっていく世界です。

これら、4つのゾーンの施策は、常に進化し、企業からは、新規の引き合いを獲得するための手段として、日々活用されています。

実は、こうして分けたときに、非常に面白い「リアル」があります。

それが、**B〜Dゾーンには「その道を究めたプロフェッショナル」が、必ず、各業界に存在していることです。**そして、それらのプロフェッショナルは、ほぼ間違いなく、「自分たちが住んでいるゾーンの成果指標を最大化する」ためのプロだという事実です。

たとえば「インフルエンサー」なんかが、分かりやすいですね。

彼らは「バズ（情報拡散）」のプロです。世の中には、インフルエンサーになるための教育プログラムなんかもあるようですが、基本的には、どうやって話題を波及（共感）させる存在になるか？　が、教えられているはずで、まず間違いなく「どういう投稿をしたら企業に儲かってもらえるか？」などと言う話は、最重要視されていることはありません。

実際、インフルエンサーを目指す若者から、「企業の売り上げに貢献したいんだ！」ななど言う夢が語られているのを耳にしたこともありません。

誤解の無いよう補足すると、別に私は、それ自体を「悪い」と言っている訳ではありません。

ただ、純粋に**「Aのゾーンだけが、ルールのオーナーがまぎれもなく貴社で、その成果指標は、売上になる一方で、B〜Dゾーンでは、そうなることの方が珍しい」**と申し上げているのです。

逆に、B〜Dゾーンには、その道の専門家がいて、彼らが指南書を出したり、セミナーなどで「こうすると良いよ」とアドバイスを提供してくれます。しかし、それはあくまでも「彼らの設定したゴールを最大化するためのアドバイス」であり、みなさまの売上に寄与する話には、必ずしも直結するわけではないと言うことです。

ウソだと思うのなら、インフルエンサーマーケティングの会社に、何も言わずにオーダーをかけてみてください。ほぼ間違いなく「もっとも拡散しそうなプラン」を提案してくるはずです。

だからこそ。ビジネスのデジタル化を通じ、売上貢献をされたいみなさまが果たすべきことは、彼らの「ノウハウ」をそのまま鵜呑みにし、「ありがたい！　これは、金言だ！」などと、自らは何も考えずに、アドバイスをされるがままに使い、B～Dゾーンの個別の領域内だけの成果最大化を目指すことでは、断じてありません。

彼らの教えを、参考にしつつも、「自分たちのゴール＝売上」にどういう風につなぎこむのか。

このことを「自らの頭で」考えて、「マーケティング戦略を設計していく」必要があるのです。

それこそが、二章でお伝えした「B～Dのゾーンから、Aのゾーンに引きこむ」と言う設計思想の原点になります。

あなたが果たすべきは、その道のプロ（専門家）の意見を伺いながらも、「どうすれば、B～Dゾーンの施策を活用して、Aのゾーンに、良い状態の見込み顧客を持ってこられるのか？」という、**「起点」から「売上」までの全体の流れを考えた「ストーリー」の構築です。**

いわゆる、「マーケティングが上手な企業」には、かならず、この「ストーリー」が存在しており、それが数値となり、管理され、改善され、成果を生み出しているのです。

これこそが、ビジネスのデジタル化が出来ている企業と、ダメ企業の「戦略の差」です。

そして、そのストーリーが、独自性を持って展開され、認知から、売上までの流れを繋げることができたとき、それが貴社の「独自性を活かした、勝ちパターン」になっていくのです。

2. 成果を生む「マーケティング戦略をつくるための思考エンジン」とは

・マグロの話に学ぶ、「マーケティングとは何か？」

では、現代型ビジネスを行い、競合から一歩抜きんでて、競争に打ち勝つための「ストーリー」、「勝ちパターン」を形成するためには、具体的には、何をすれば良いのでしょうか。

この時、多くの企業が、ＳＷＯＴ分析だ、４Ｐだ、と、既存のマーケティングメソッドの活用をすぐに考えて、研修などを受けようとしてしまいがちです。

しかし、本書の冒頭でもお伝えした通り、「貴社はすでに市場に存在し、『競合他社に勝てる、お客様に選んでもらえる何か』は持っている。だからこそ今日まで生き残ることができた」と言う事実が存在しています。

ですから、今さらフレームワークを見直したところで、せいぜい「現状把握」が出来る程度でしょう。やるべきことはそこでは無くて、要は、その事実を、どうやって現代の作法に乗せるのか。

つまり、「マーケティングの本質」を理解し、整理すればいいだけの話です。

そのために、みなさまには、改めてお伺いしたいのですが、そもそもマーケティングって、「ひとことで説明すると」なんだと思いますか?

この質問を投げかけると、案外業界での仕事歴が長い人でも、「うっ」と言葉に詰まってしまい、なかなか、正解が出せないことが多いものです。

感覚では何となくつかんでおり、それが、プロモーションや、リサーチ、営業……と言った手段の話ではないことは理解しつつも、言語化が出来ない。

しかしそれは、僭越ながら申し上げますと「知っていても、理解はしていない」と言う状態です。会社内を横断するような「強いマーケティング組織」を作るためには、まずは、そもそもの「マーケティングとは?」について、みなさま自身が「理解して、具体的に、かんたんな言葉で、周りにも説明できる」状態まで、理解を深める必要があります。

そこで、まずは私が、ワークショップなどで最初に行う、「マグロの話」をさせてください。

ある、週末の朝の事です。

みなさんは、お客様をお招きするために、「美味しいマグロの刺身を用意しよう」と思い、有名デパートにマグロを買いに行きました。生鮮食品売り場には、今日陳列されたばかりのマグロのお刺身パックが2種類おいてあり、それぞれに、三千円という値札だけが付いていました。

一見して、色味、見た目、切り方、内容量、賞味期限などが、ほぼ一緒の、この2種類のマグロの刺身。それらのパックを目の前に、あなたは、どちらかを選ぼうとしました。

さて、ここでお伺いしたいのですが、この2種類のマグロの刺身。

AとBのパック……としたときに、どちらを選びますか？

私が真顔でこの質問をすると、みなさまはたいてい「ハア？」と言う顔をされるのですが、「いやいや、だって、たいして変わらないんだから、どっちでも一緒じゃないか」と思っている訳です。

と言うことで、「どっちでも良いや」と考えたあなたが、お刺身のパックに手を伸ばそうとしたとき、店員さんがやってきて、Aのお刺身に「本日の特売品　二千円」と、札をつけました。

改めて伺います。あなたはこの時、AとB、見た目的には、ほとんど大差のない2つの、お刺身のパック、どちらを選ぶでしょうか。

この時の回答は少し面白くて、Aを選ぶ人もいれば、Bを選ぶ人もいます。

Aを選ぶ人の言い分は、「そりゃあ、同じようなものなんだったら安い方が良いに決まっているよ」という思想ですし、Bを選ぶ人の思考は、「いや、同じようなマグロでAが安くなるって事は、なにか、目には見えない欠点があるんじゃないのかな。美味しいマグロを買いたいわけだから、ここは、あえて高額なBを選ぶよ」と言うものです。

この回答、どちらでも構いません。どちらも、立派な意見です。

と、言うことで、この場合のあなたは、どちらかを選ぼうとしたわけですが、またここで、店員さんがポップを持ってきて、今度はBのマグロのほうに、貼りだしたんですね。

「大間産　高級マグロ」という内容の掲示でした。

美味しいマグロを選びたいあなたは、考えるはずです。大間のマグロの方が美味しいのではないだろうか？　だって、あの、有名な大間ブランドな訳だし、……と。

みなさまに、改めて問います。AとBのマグロの刺身。どちらを選びますか？

この段階にくると、回答者の多くは（一部を除いて）Bのマグロの刺身の方がよさそうだ。と思い始めます。実際、挙手などを頂くと、Bのマグロの刺身が優勢になってくる。

ここでもう1つ、エッセンスを加えます。

あなたが迷っていると、大間マグロのBにさらにPOPが貼られました。

「本日の特売品！　数量限定１００パック！　定価四千円のところが三千円！」

もう、ここまで来ると、多くの人は、「通常四千円の刺身が三千円！　しかも本日（数量）限定！」と、Ｂのマグロの刺身を迷うことなく手に取り、ワクワクしながらレジに向かうことでしょう。実際、ワークショップをしていても、ほぼ満票でBが勝つのがこの段階です。
では、この結果を受けて、さらに皆様にこんなことをお伝えしたとします。

「実は、この2種類のマグロ。どちらも津軽海峡から、青森（大間）側と、北海道側で、海峡を隔てて水揚げされたマグロであり、見た目はもちろん、魚種、獲れた場所、タイミング、運搬方法、保存手段、そして、味までもが、ほぼ一緒でした」。
この話が面白いのは、こういうタネ明かしをしたとしても、みなさんはすでに（価格に千円もの差があるのに）「いや、Ｂ（大間）のマグロを選ぶと思います」と、決めてしまっていることが多く、なかなかこの決断は揺らぎません。実際、私自身も、この境遇に遭遇したとして、「いや、それでもBが、間違いなく美味しい気がするんだよなあ……」とか言いだしてしまうことでしょう。

さて、この話。ただの笑い話では無くて、ここからが本番です。

さきほど、みなさまは、話を読み進める中で、Aのマグロを買おうとしていたり、Bのマグロを買おうと悩んだり……と、何度か「判断」を変えた（あるいは迷った）と思います。そして、最終的には多くの人がBのマグロの刺身が「美味しいに違いない」と思って、むしろワクワクするくらいのテンションで、ある種の確信を持ってBのマグロを選ばれたと思います。

お伺いしたいのは、2点。

ひとつめの質問は、「なぜ、そうなったのか？　何が、あなたの判断を変えたのか？」です。

そして、ふたつめの質問は、実はこの一連の流れこそが「マーケティングを端的に表していることに他ならない」のですが、それでは、マーケティングとは「ひとこと」でいうと何なのか？　です。

ワークの場でもさまざまな回答が飛び出しますが、ここでは端的に回答をお伝えすると、みなさまが判断を変えた理由。

それは「情報」によるものです。
そして、**マーケティングとは、一言でいうと（情報による）「価値創造」です。**

つまり、みなさまは「情報を受け取ったこと」により、「Bのマグロの刺身に価値を感じたから、Bを選んだ」、シンプルにこれだけの話なのです。
その証拠に、このコミュニケーションにおいて、Bのマグロの刺身はひとことも「買ってください」と言っていません。ましてや、みなさまは、刺身を1口すら、食べてもいません。

なのに、みなさまは、自身に与えられた「情報」だけで、Bのマグロの方が良い！と、決めて、「購買」という行為にまで及んでしまいました。

それはなぜか？　簡単なことです。

みなさまが、ご自身の中で、情報を与えられたことにより、勝手に「Bのマグロのほうが、**美味しいに違いない**」と、ご自身の「脳内で」判断をされてしまったからです。

その結論を出していただくために、さまざまな情報が「意図的に用意されていた」ことは、想像に難くありません。

必要な情報を、それが、最も価値を与える対象に、必要なだけ届ける。

将来のお客様に対して「自社製品、サービスへの段階を踏んだ、情報を与え、価値を感じてもらうためのコミュニケーション」。

つまり、みなさまの「商品が売れるまでのストーリー」を、正しい作法を用いて作ることこそが、これから、みなさまが行うことであり、それが、マーケティングという「魔法の正体」なのです。

そして、その戦略を数字で管理できる組織と仕組みを構築する事こそが、デジタルを活用して新規の引き合い、受注を生む「現代型のビジネス」への近道であることは間違いありません。

本書の冒頭で、ビジネスの「仕組み」のデジタル化とは、「そもそも、貴社に存在しつつ、営業の経験や引き出しとして認識されてきた感覚的な何か」を体系化し、デジタルを活用して受注・成約までを実現すること……と、言いました。

これを具体的に言い換えると、**ビジネスの「仕組み」のデジタル化とはつまり、「マーケティング戦略を立案して、ストーリーを設計・展開し、それを数字とファクト（事実）とロジック（論理）で組織として運用・改善をして、最終的には、貴社の売上・利益に貢献すること」に他ならないのです。**

3. 自社だけの勝ちパターンを作る2つの手法

・まずは、デジタルの世界におけるコミュニケーションの常識を知ろう

さて、みなさまが「やるべき作法」の概要は何となく見えてきたと思います。実際に、すぐに作ってみたい！　と、なっているかもしれません。

しかし、その前に、みなさまの「ストーリー設計」の精度をより、向上いただくために、それらを表現する「デジタル」と言う世界について、理解を深めましょう。

実は、デジタルの世界における本質については、業界の大御所ともいえるグーグル（Ｇｏｏｇｌｅ）が、ある程度の回答をすでに出しています。いわゆるマイクロモーメントと言う概念の解説の中で、彼らはそれを説明しているのですが、今回の解説に必要な部分だけを抜き出すと、

「人間のデジタル上における行動は、４つの意志からしか成立しない」

という言葉が、まず非常に重要です。どういうことか少し解説しましょう。

まず、４つの意志ですが、これを具体的に申し上げると、「したい」「行きたい」「買いたい」「知りたい」の４つです。我々はＷｅｂなどのデジタル空間において、何かを「しよう」と考えたとき、実際は、突き詰めてしまうと、この４つの意志の枠組みから逃れることが出来ません。

たとえば、レシピを知りたい。東京駅に行きたい。何か、やりかたを知らないことがしたい、あるいはそれについて知りたい……など、検索行動、あるいは、デジタル上での情報収集に関する行動は、すべて、この４つの意志に集約されてしまうのです。

「じゃあ、なんとなくヤフーのトップページを見るのはどうなの？」と言う質問に対しても、最新のニュースが「知りたい」とか、検索が「したい」とか、結局は、この４つに収まりますし、それがユーチューブ（Ｙｏｕｔｕｂｅ）などの動画サイトやＳＮＳであれ、「暇をつぶしたい」とか、「楽しい動画が見たい（したい）」といった感じで、４つのいずれかに収まってしまうのです。

何が言いたいのかというと、**デジタルの世界とは、基本的には、そういった「感情＝イ**

ンサイト」が先行する世界だと言うことです。つまり、デジタルで行動をしている人間は、基本的には「何かを求めている」あるいは、「何かに困っている」ことが「あたりまえ」、大前提なのです。

これは先の事例でいうと、「美味しい、マグロが食べたい」と言う状態と一緒です。

「美味しいマグロが食べたい」という前提があるからこそ、「大間産」という言葉が皆様に価値を感じてもらえたように、貴社の製品が果たすべき「役割＝価値」が見えてくれば、その訴求軸に沿って、ストーリーを構築し、展開をしてあげればいいのです。

そして、それらの施策を、実際に行い、数値を検証することで「本当に売上に寄与するのか？」を判断し、筋の良いものを残していけば、それが「勝ちパターン」として形成されていくのです。

商売とは、すべからくお客様があってのことであり、「自分からみた主張一辺倒」では、現代型のビジネスモデルの成功はままなりません。あくまでも、ビジネスのデジタル化を本当に成功させるための、ストーリー設計や、マーケティング組織づくりを考えるなら、しっかりした論理的な思考に基づかなければ、創り出すことは出来ません。要するに、場当たり的だったり、思いつきで行っている限り、ビジネスのデジタル化は、不可能と言うことです。

これから、お伝えする方法は、きわめて実用的かつ、実践的な方法です。ぜひ、貴社の勝ちパターンづくりに活用していただきたいと思います。

- **経営者向けに変換する**
- **フレーズひとつで、魅せ方が変わる**

さて、いよいよ、実際に「価値」をベースにしたストーリーを構築していただくわけですが、この段階で、絶対に注意しなければならないことがあります。それが何かというと、**「経営者に向けて、ストーリーを作る」**ということです。もちろん、貴社のビジネスが売り上げに繋がればいいわけですから、実際は、エグゼクティブや事業部長、つまり、決裁者向けでも構いません。

ご自身の販売されている、商品、サービスを売るために、もっとも価値の訴求できるストーリーを構築し、アプローチをしてみればいいのです。

この時、非常に有効な手段があります。それが、**「2つ先の価値を考える」と言うことです。**たとえば、私が過去に在籍していた会社で、私は、あるシステムのマーケティングを担当していました。このシステムを活用すると、現場のデジタルマーケティングの担当者は、デジタル広告における「間接的な寄与度」を数字で出すことができるようになり、主に、認知広告などの評価を、1段階、レベルの高い水準で計測できるようになる……そんなシステムでした。

こういったサービスが、その事業社しか提供しておらず、あるいは、競合に対して優位だと感じるとき、売り手側は、このポイントを「独自性」だと考えて、それ、そのものを訴求しようとしがちです。

一見して何の問題も無い話に見えますが、実際問題、これらの「情報」をいきなり、特にB～Dゾーンの、よく、この会社のサービス（は、おろか会社の名前すら）知らない相手に投げつけたとして、そもそも「ちゃんと読んでくれるのか？」は、怪しいところです。なにせ、情報量が多いですし、そもそも、読み手の方にしてみれば、難しそうな、わかりにくい話だからです。

では、どうすれば、商談に繋がりそうな引き合いを狙うことができるのでしょうか？

それが先ほど紹介した「２つ先の価値」と、私が名付けた方法です。

前章でのレビット氏の話にもありましたが、お客様が欲しいのは「穴（価値）」です。

このケースの場合、**実は、お客様（とくに決裁者）が求めていることは、「具体的な、シ**

ステムの機能や、レベルの高い計測の話」だけでは、ありえないのです。

では、本来の「穴（価値）」は何なのか？　それを見つけるための魔法の言葉があります。

それが、「だから、結局どうなるの？」です。

このサービス（システム）のケースであれば、「現場が、広告の間接効果を理解できることにより、貴社は、正しい投資対効果を判断できるようになります」と、言うのが1回目の「だから、結局どうなるの？」の答えとなります。

さらに掘り下げれば、「だから、認知広告などの投資対効果が見えるので、無駄な広告も打たなくなりますし、その部分のコストカットも容易ですから、貴社は儲かります」と、言えるでしょう。要するに、このシステムを入れると「それだけで、導入した会社が儲かる」と言うことです。

そして、実は、その一言こそが、経営層が求めている「穴」をあけるための入り口です。

前述されていた「間接効果がどうのこうの～」という手段の話は正直、経営層にとっては「どうでもよい」話なのです。彼らが最初に求めている言葉は、突き詰めてしまえば「このシステムをデジタルの領域で採用すると会社が儲かる」と言う、シンプルな「価値」です。要は、ターゲットの「お困りごと」に対して、「これは、あなたのためのサービスですよ」と、フォーカスする言葉。それを、相手のリテラシー（知識レベル）に合わせて、言葉を使い分けるのです。

その結果、「これは、自社に最適そうだな」と、経営層に思わせることができれば、相手は興味を示し、「具体的な話をもっと聞かせてくれ」と、貴社に問いかけてくることになるでしょう。

このタイミングであれば、具体的な商品の説明、サービスの解説、使い方や、導入のメリットなどを、相手に具体的に、説明できる関係性になっていることは、疑いようがありません。ですから、貴社はこのタイミングではじめて、先の例でいうところの「具体的な、システムの機能や、レベルの高い計測の話」をすればいい訳です。

話をまとめると、その貴社の製品、あるいはサービスが果たす「直接的な成果、価値」を、そのまま伝えるのではなく、**「その結果、その商品、サービスを導入した、あなたはどうなるのか？」を、訴求する相手（この場合は決裁者）の目線・立場で、伝えてあげること。そして、提供する情報の「深さ」は、相対するフェーズで、相手のリテラシーにあわせて使い分ける……その「思想・設計」こそが、マーケティング戦略を成功させるために重要なことなのです。**

たとえば、B～Dゾーンで「穴」をあける何らかの方法を探している人々には、「これを使うと儲かりますよ」くらいのライトな情報を持って、「興味」を抱かせ、その興味を軸に、貴社サイトを訪問させるのは、引き合いを作るストーリーにとっての「王道」です。

みなさまもご経験ないでしょうか？　なんだか、とっても面白そうなキャッチコピーやバナー広告を目にして、「なんだろう？」と少し期待しながらクリック（タップ）をしたら、遷移先のWebサイトが非常につまらなくて、ガッカリしてすぐにページを閉じてしまったことが。

これは、ひとえに、みなさまの「期待」に対して、ページ側が「期待に応えられていない」から、みなさまは、ガッカリしてページを閉じた訳です。

しかし、もし、Ｗｅｂサイト（ページ）が皆様の「期待」に応えられていたら、きっと、みなさまは、そのページを「なるほど。面白いな。もっと知りたい」と、誰に頼まれるでもなく、自らの意志で「価値を感じて」コンテンツを読み進め、そのサービスに対する理解を深めていたことでしょう。

そして、仮にそれが成立すると、まさに前章でお伝えしていたような、「Ｂ〜Ｄゾーンの人間をＡゾーンにつれてくる」と言うストーリーもまた、成立していることになるのです。

・「お困りごと」は、デモグラフィックの壁を壊す

この話を展開するとき、実はあまり触れられていない話が、ひとつだけあります。それが、マーケティングでよく使われる「ペルソナ」の話です。多くの企業は、こういった施策を設計・立案・展開するときに、ターゲットの属性から考えたがります。

前述の事例でいうと、美容せっけんのお客様を「30代くらいの女性で、会社員、普段からスキンケアは……」と言っていたように、ＢｔｏＢ事業でも、「業種はこういう感じで、社員数はこのくらいの事業規模で……」と、状況をイメージしたがるのです。

お気持ちは分かりますし、この考え方が、間違っているとは言いませんが、少々もったいないとは言えます。実は「価値」のストーリーから作っても、ほぼ同じことができるからです。要は、先の様に、「○○に困っている人に向けて……」と、考えればいいのです。

分かりやすい例を挙げると、貴社が「塩辛い、みそラーメン」を売っていたとしましょう。多くの人は、このラーメンの対象者をペルソナから設計しはじめると「塩辛いわけだから、若い、運動を良くするか、ガテン系の男性で……」などと展開し、ターゲットを「限

定」してしまうのですが、「価値」から物事を考えると、このみそラーメンの対象顧客は「塩辛い、みそラーメンが食べたい人」と、ものすごくシンプルに、しかしながら「広い対象」に設定することができます。

ここに、「塩辛いから、激しい運動の後や、疲れたときに最適！」などと、キャッチコピーをつけたとして、それは老若男女といった、デモグラフィック（属性）のターゲットを指定していません。

つまり、女性だろうが、老人だろうが、子供だろうが「塩辛いラーメンを欲するタイミング」と言うのはあるはずで、価値のコミュニケーションと言うのは、そのニーズ（欲求）に対し、ストレートにアプローチするからこそ、変に市場を狭める……という機会損失をしていないのです。

同時に、この「塩辛いから、激しい運動の後や、疲れたときに最適！」というキャッチコピーは、もちろん、そもそもデモグラフィック（属性）で、対象として選定しようとしていた、本来のコア・ターゲットにも刺さります。

ですから、結局、同じところにたどり着くことは出来ますし、そもそも最初の対象が広い分、価値からコミュニケーションをしたほうが、メリットも多くなるのです。
たとえば、それは勿論、「売れる対象が広い」と言う事実もあれば、「自分たちが想定していなかったようなペルソナが反応してくれた」のような、「気づき」を与えてくれることもあります。

これは、デジタルの世界が、インサイト（４つの意志）で動く世界だからこそできる、「価値」を中心に考えたアプローチであることを、ご理解頂ければと思います。

・ストーリーを「パイプライン」で管理する

・すべては、現場が「答え」を持っている

さて、ここまで読み進めて「ストーリーを作るのは分かった。決裁者に向けて、時には2つ先の価値を伝えることもわかった。しかし、弊社は、その価値そのものがわからないのだ」と考える方もいらっしゃることでしょう。実際、私のお客様からも、こういった質問を頂くことは多いのですが、最終的にそういった企業で、「価値」が見つからなかったことは、ただの一度も御座いません。

では、具体的に、それをどうやってみつけるのか？

大丈夫です。ここで頭を抱える必要はありません。実は、序章でもお伝えしましたが、答えは「現場」に落ちています。なぜなら、みなさまはすでに商売をされており、これまで営業の方などが、実際に販売してきた実績もあるはずです。

その「過去の経験」からストーリーになる要素を抽出すればいいのです。

具体的には、商談時、あるいは商談後、または、その先のユーザーになっていただいた折でも構いません。お客様が「具体的におっしゃっていたこと」を思い出してほしいのです。

たとえば、「いやあ、お宅の商品はココが素晴らしいよね」とか、「貴社を選んだ理由は、営業の○○さんの人柄なんだよね。実は、初めてで良くわからなかったんだけど、サポートしてもらって本当に助かったよ」とか、営業の方々は、そういった言葉を日々、どこかですでに受け止めた経験があるはずです。

または、営業組織の中に、すでに「このトークが出来たら受注がほぼ決まるよね」と言うような鉄板のトークなどが存在することもあります。

それらを思い出していただき、「じゃあ、あれって結局、どういうことなのだっけ？」と、一歩踏み込んで考えてみる。

すると、それらの言葉の中には、**「貴社が、（競合に打ち勝ち）最終的に選ばれた理由」が、既に存在しています**。あとは、その理由が「何なのか」を突き止めて「価値」に置き換えるのです。

この時、その「勝ちパターン」ともいえる理論が、いくつか存在することもあるでしょう。それはそれで構いません、どちらも「訴求軸」として、持ってみて、市場に向けて投下してみる。その反応を比較しながら、貴社のマーケティング施策のポートフォリオを作ればいいのですから。

これは、たとえばアップル社のｉｐｈｏｎｅが選ばれる理由のようなものです。あの端末は、かなり多くの日本人に愛され、使われていますが、例えば最新モデルを購入する理由は、必ずしも1つではありません。

ある人は、５Ｇの通信速度に惹かれて購入しているでしょうし、別の人間は、ｉｔｕｎｅｓという音楽のソフトのために購入しているかもしれません。さらに別の方は、防水性に惹かれて購入しているかもしれませんし、カメラの機能を求めている人もいるでしょう。

このように、何かの商品が売れるとき、それが売れるための「価値」とは、必ずしも1つではないのです。だからこそ、実際の営業現場に足を運び、そのパターンと、再現度を考えながら、価値を掘り出して、施策に「逆引き」して、戻してあげる。つまり、各々の「価値」に、それを理解してもらうための、各々のストーリーを作ってあげる事が、重要となるのです。

たとえば、貴社のあるサービスが、品質としては競合と大差がないものの、貴社のスタッフのケアの良さに惹かれて契約されていたことが「価値」ではないか？　と仮説設定したとしましょう。

だとすると、それをメッセージまで「価値」と言う軸で巻き戻してあげると、「初めての方でも心配無用です」と言ったようなキャッチコピーを作ることができることでしょう。

そういうキャッチコピーで、ユーザーをＷｅｂサイトに引き付けたのならば、次のコミュニケーションは、「なぜ、安心なのか」を説明したり、「具体的には、どういう内容なのか」を解説したり、「実際、他のお客様は、どう感じているのか」などの事例を紹介することもできるでしょう。

このように、相手の「フェーズ（理解の深さの段階）に合わせて、こちらも段階的に、そのタイミングで、必要、かつ最適な情報を伝えることで、自然な形で、相手に商品の魅力と、貴社への信頼感を構築していけるはずです。

この一連の流れこそ、マーケティングにおける「ストーリー設計」の基本思考です。

それが組み上げられたら、次は、その役割（必要な情報を必要な時に届ける）を果たすための組織を、自社の体制にあわせて割り振っていきましょう。

たとえば、「貴社だと具体的にどうなるのか？」という細かい話は、当然商談の席で話されるはずですから、これは「営業組織」の役割となるでしょう。

その手前にある、「他社の事例や、簡易的なシミュレーションで概算を伝えてあげる」のは、あるいは電話口でもできるかもしれません。ですから「インサイドセールス」の役割になり得ます。

しかし、そういう電話での会話を成立させるには、相手がそもそも「この商品、サービスは経験の浅い弊社にとって最適のようだが、どうだろう？」と、その概要までは理解していただいておくという、「前提条件」が必要となります。

と、なると、Ｗｅｂサイトの役割、「掲載すべき重点情報」は、その辺りの部分になるはずです。

そして、その情報を読むきっかけになるＢ～Ｄゾーンで訴求されるメッセージや広告の内容は、最も簡易に「弊社なら、初めての方でも心配無用です。選ばれる理由があります。詳しくはコチラ」と、言う趣旨になっていれば、きれいな、川上から川下まで流れるようなストーリーと、それを成果につなげるための、組織横断の仕組みが、完成していると言って良いでしょう。

たとえば、Ｄゾーンでこのキャッチコピーを受け取った読み手が、もし、最初のメッセージに興味がなければ、そもそも、そこにニーズはないので、どうやっても商談は立ちません。一方で興味があれば、Ｗｅｂサイトには来てくれますから、Ｂゾーンのリマーケティング対象にはなります。

そこで、相手が情報を読み進めて「なるほど、これは良いかも」と思えば、そこから更に、事例集などをダウンロードすることもあるでしょう。

そのために、メールアドレスや連絡先を頂戴できたとしたら、次のアクションは、「簡易的なシミュレーションが出来ますが、いかがいたしますか？」とコールにつなげればいいのです。

企業にはそれぞれの歴史があり、特徴があり、商品、サービス、企業体制も千差万別です。で、あればこそ、貴社の経験、実績をもとに構築されたストーリー施策は、**それこそ、世界に一つだけの貴社ならではの「勝ちパターン」となるのです。**

本章では、ビジネスのデジタル化を推進するための、基本的な戦略設計のやり方、ならびに、それを組織間でつなぐときの、繋げ方（パイプライン）について説明しました。

ぜひ、みなさんにも実践していただきたいと思いますが、もうひとつ、現代型のビジネスを成立させるための、勝ちパターンのストーリーを組みあげるうえで、なによりも重要なことがあります。**それは、貴社のストーリーの「体系化（パッケージ化）」の話です。**

これなくして、マーケティングの組織間の連携や、ビジネスの仕組みのデジタル化＝勝ちパターンが組みあがることはありません。ストーリーと体系化は一対と言えるものであり、**体系化されることで、はじめてストーリーは、組織間を連動させ、動かし始めます。**

それは、具体的には、貴社ビジネスのデジタル化が、売上、利益に貢献することに直結します。

次章では、体系化の強烈なメリットと、貴社のビジネスの仕組みのデジタル化における販売力を高める具体的な方法について、説明していきます。

第5章

ビジネスの仕組みをデジタル化させる標準メソッド

1. 貴社の製品、サービスを「ストーリー」で展開するための大前提

・「具体的な」価値で質問をする大切さ

さて、これまで、みなさまでもやりやすい独自性を持つマーケティング戦略のつくり方をお伝えしてきましたが、読み進める中で、そのやり方に違和感を覚えた方もいらっしゃるかもしれません。

その違和感とは、「マーケティング戦略を、そんな風なやり方で作り上げていいのか?」とか、「本当にそんなやり方で、成約につながる引き合いが取れるのか?」と、いったものでしょう。

これまでお伝えしてきた方法に違和感を覚えられた方は、ある意味マーケティングをよく勉強されている方かもしれません。なぜなら、その考え方は「マーケットイン」と呼ばれる、顧客のニーズ(需要)、市場の「声(どんなことにお悩みですか?)」に対して、戦略を構築し、アプローチすることを前提に考えておられる方だろうからです。

今回述べた構築術は、どうしても、そういう方から見ると、先に製品、サービスのこと

を自分主体でアプローチしていく、「プロダクトアウト」と呼ばれる形にみえがちです。
しかし、ご安心ください。実際は、この戦略構築の在り方は「むしろ、マーケットイン」だと、言えます。その理由を説明しましょう。

デジタルの世界とは、先の章などでお伝えした通り、世の中の、4種類にしか分類されない意志から生じる「具体的なお悩み事」に対して「具体的な価値」でコミュニケーションをする世界です。

それはつまり、ある特定の人物の「お悩み」に応えるアクションは、それそのものが、自動的に「その人（対象者）にとっての」マーケットインになっていることを意味します。

いやいや、それだって、1つの事例でしかないじゃないか。と思うかもしれません。
しかし、そもそも、そのストーリーは、もともと、その企業の営業の方などが、実際に聞いてきた、「過去のお客様の感謝の声」から作られています。当然、「体系化」を考えて、作りますから、元にする話も稀なケースではなく、頻出されるケースを用いて用意されることでしょう。

つまり、その時点で、ストーリーは机上の空論でも何でもなく、むしろ、お客様の声から生まれた、過去の勝ちパターンを再現した(あるいは、再現、拡散するための)、「パッケージ型のマーケットイン戦略＝ストーリー」のはずなのです。

もちろん、そのお客様の声が、本当にイレギュラーだった(再現性が低い)ケースや、前例がない、初めて世に出る商品のため、こちらが組み上げた「仮説」で、展開をしないといけないケースも存在します。

しかし、何度も繰り返しますが、デジタルの世界では、ユーザーは、常に困っており、何か具体的な回答を期待して、調べ物をしたり、記事などを読み込んでいます。だからこそ、そういった市場に、これらの「価値を訴求するストーリー」を流せば、必然的に反響は帰ってきます。そして、それが、「具体的な価値の軸」で構成され、「デジタルと言う手段で展開されている」以上は、すべての反響は「数字」となって帰ってくるのです。

それは、貴社は、そのストーリーのよしあしを、「マーケットにインしているか否か?」という軸でも、当然、評価することができると言うことを意味します。

と、ここまでお話をしても、一部の方は「そうは言うが、結局は、顧客のニーズ（需要）、市場の「声（どんなことにお悩みですか?）という聞き方はしていないじゃないか」と、おっしゃられるかもしれません。

ですので、具体的な施策の、たとえ話で「なぜ、特にデジタルにおいては、抽象的ではなく、具体的に絞った状態で、相手に聞くべきなのか」を、事例を用いて解説していきます。

ある訴求軸で、我々が「気づき」を与えてあげる具体的なアプローチをしたとします。

この時、よく使われる言葉は「まだ、そんな方法で困っているのですか?」や、「こんな方法があるって知っていましたか?」など、既存の相手にとっての「常識」をくつがえしたり、「新しい価値」を「具体的に」渡すものです。

間違っても、マーケットイン思想によくありがちな、「なにか、お困りではありませんか?」のようなヒアリング的なメッセージは、送付しません。

「まだ、そんな方法で困っているのですか?」や、「こんな方法があるって知っていましたか?」というタイプの訴求に反応する人の共通点は、「そもそも、その価値の事を知らない。もっと言うと、そんな方法を思いつきもしていなかった」ことです。

先だっての私の古巣である「間接効果の測定ツール」を例に考えてみましょう。

ある方が、ブランディングの効果測定について、「より良いリサーチの方法」を探していたとします。そして、この方は、社内常識として「認知広告の成果確認はリサーチで行うものだ」という固定観念を持っていたとしましょう。

そんな方に、何かの折に「まだ、記事広告の成果をリサーチで行っているのですか?」とか、「認知広告の成果を知るために、リサーチ以外の手段があることを知っていましたか?」などと、具体性のあるメッセージを送った場合、相手は、それが「自分の知らない情報」だったら、「なんだって?」と、興味を示し、クリック、タップ、メッセージ開封などの反応をするかもしれません。

このとき、**この「具体性のある」訴求メッセージは「認知広告の成果確認はリサーチで行うものだ」と言う、その企業の「常識」という「壁」を飛び越えることが出来ています。**

しかし、認知広告の成果確認はリサーチで行うものだ」という常識を持つ相手に、「ブランディング領域の計測でお困りではありませんか？」とメッセージを送ってしまうと、どうでしょうか。

この方は、もともと「問題意識すら」持っていないので、「いや、別に困っていることは無いな」と、それ以上進むことを回避され、せっかくのビジネスチャンスを逃してしまうことでしょう。

実は、デジタルの世界では、基本的にはアプローチは「一方通行」になる事が多く、リアルの対面とは違い、一度のチャンスを逃すと、フォローをするのが非常に難しい世界となっています。

今回のアプローチにしても、おそらくメールの件名、配信内容、バナー広告、検索連動型広告などに、せいぜい一行～数行の文章が掲載できる程度のアプローチとなるでしょう。

逆に言えば、われわれはそれだけの「限定された情報量」で、自社の商品についてお客様に興味を持ってもらわなければなりません。

だからこそ、「デジタル領域における、マーケットイン型のアプローチ」を行うためには、「ストーリーを前提とした、具体的なアプローチ」の方が、検証をするにも、改善をするにも、「都合が良い」と言う事実を、ご理解いただけたかと思います。

2.ストーリー設計の5大メリット

・自社のマーケティング戦略をパッケージ化せよ

従来型の「なるべく広い対象から引き合いを取れるように、間口を出来るだけ広げて訴求を行うプロモーションこそ、正しいやり方だ」と信じて来た方にとっては、私がお伝えしていることは、青天の霹靂以上の、わけのわからない狂った妄言に聞こえるかもしれません。

しかし、手広く、マス媒体を活用した展開を行う方法は、競合が市場にそもそも存在しない世界や、莫大なリソース（人材、資材、お金、情報など）を投下できる企業の戦略としては成立しても、競合があまたに存在し、差別化が常に求められ、おまけに原資も限られている弱者の世界では、結局、相手の心に残るようなアプローチはできないため、現代のビジネス、とくにデジタルの領域においては、勝ち残ることは、非常に難しくなってきています。

とくに、昔なら、メディアと言えば、大手の媒体くらいしか考えられませんでしたが、現在では「個人」が力を持って、情報を発信することが、当たり前になっています。それは、デジタルと言う手段の浸透と、競争の激化、および、ユーザーが情報を得るソース（情報源）の多様化を意味していることに他なりませんし、だからこそ「マス」展開は、相対的に力を失っています。

デジタルの創成期であれば、あるいは、サービスそのものの独自性が突き抜けているのであれば、従来の手法も成立したかもしれません。しかし、これだけデジタルが標準化した現代において、すでに市場が形成されている商品、サービスであれば、「差別化戦略」なしに、勝ち残っていく事は困難と言えます。

その状況を打開するためには、ビジネスのデジタル化を行う……つまり、自らの商品、サービスの訴求軸を、ストーリーに組み上げて、体系化＝「パッケージ型」のマーケティング戦略にして、個人レベルではなく、組織を挙げて展開していくことこそが、欠かせないプロセスとなります。

これが、私がストーリーを体系化＝「パッケージ型」にしていただく事を、強く推奨している理由です。そして、ストーリーをパッケージ化することで、貴社は、「組織として」大きなメリットを得ることができます。

その、「パッケージ型ストーリー」のメリットが、次の5つです。

1．導入から考えられるから、売りやすくなる

言語化されることで、誰が見ても、わかりやすい展開が可能に。

2．そのストーリー自体が、「企画・提案」のための説明

仕組化されているため、組織間の「共通言語」にすることが可能。

3．展開を具体的に相手にイメージさせることによる実現力

必要なコンテンツを具体的に検討できるため、「絵に描いた餅」になりにくい。

4．論理的、数値的な裏付けから、勝ちパターンをプロセス改善で作れるようになる

ストーリーを「ボトルネック」で改善できる、組織横断のパイプラインを設計可能に。

5．自社の勝ちパターンを見つけられ、ポートフォリオも組めるようになる。

複数のストーリーを「比較する」という改善サイクルで、「勝ちパターン」を厳選可能。

まず、1つめの「導入から考えられるから、売りやすくなる」と言うのは、そもそものストーリーそのものの大きな特徴ですが、これをパッケージは、更に「言語化」することで、**「伝えるべき情報」の、「伝えるべき順番」を、整理できるようになります。**

たとえば、「資料請求」などの引き合いが発生したとき、もし、企画者だけがストーリーの「流れ」を頭の中だけで理解しており、その後工程の担当が「伝えるべき情報」を理解しつつも、「伝えるべき順番」を理解していなければ、時として相手にとって、不親切な対応をしてしまいます。

それは、たとえば、ユーザーが「なぜ、安心なのか」と言う情報を求めているのに、「具体的には、どういう内容なのか」や、「実際、他のお客様は、どう感じているのか」の話を先にしてしまったり、あるいは、相手が理解している話を2度してしまったり……と言うことです。要は、それらの情報は、確かに「必要」なのですが、聞き手にとって「連続性がない」んですね。

人間は、基本的に「連続的な話」に共感しやすく、有名なところでは「むかしむかし、あるところに〜と話が始まり、〜〜で、〜〜で、と話が続き、最後は、幸せに暮らしましたとさ。めでたし、めでたし」と、なる様な「パターン」をスムーズに受け入れます。

我々が構築しているストーリーも、単純にひも解けば、同じことをしています。「あるところにいたAさんが、もともと～～で困っていましたが、～～に気が付き、内容を理解。～～の事例をみて、最後には納得、満足したので、商品を買いました。めでたし、めでたし」と、言うことです。

この時、そのプロセスは、連続性がある方が、話す側も聞く側も、予想もつくので「理解しやすく」、したがって、おかしなポイントの発見も修正も、容易なものになります。

たとえば、貴社の価値をもとにストーリーを組みあげて言語化した資料を、組織間で読みあわせをして、内容の共有・確認をしていたとします。その際、導入部から説明されるストーリーの途中に、何かおかしいところがあった場合、「あれ、いまの話の展開、なにか、おかしくないか？」と、誰が聞いても同じような違和感を覚えるので、ストーリーの「流れ」までを含めた改善や修正、そして確認が、簡単になります。

また、そうやって確認されたストーリーを各組織が、「つながる状態に」したうえで、認識できていれば、先のような「ちぐはぐなコミュニケーション」は発生しないことでしょう。

これが、言語化のメリットです。ストーリーが「言語化」されることによって情報がオープンになり、誰が見ても、同じように、まさに「紙芝居」の台本のように、複数の組織にまたがるようなコミュニケーションでも、一言一句、認識がずれることなく、プロセス（順番）を意識しながら、ストーリーを展開することができるようになるのです。

パッケージ型ストーリーの２つ目のメリットは、そのストーリーを作る手順とアウトプットが「仕組み化」されることで、それが組織の中のマーケティングだろうが、インサイドセールスだろうが、営業だろうが、同じ「仕組み」を使って会話ができるようになるということです。

私はこれをよく、「組織に同じＯＳ（オペレーションシステム／言語）をインストールする」と言う表現をすることが多いのですが、とかく、そもそも役割も目的も立場も違うそれぞれの組織だからこそ、時として、同じプロジェクトを推進していても、ひと昔前でいう「Ｗｉｎｄｏｗｓ」と「Ｍａｃ」の操作性、互換性くらいの「言語・思考」の違いが存在しています。

しかし、ビジネスのデジタル標準化を、組織を横断して行うためには、なるべくそういった、「根本的な組織間のズレ」を解消し、どの組織にあっても、公平・公正な議論をしなければなりません。そのためには、「同じ形式のひな形＝仕組み」を持ち寄って話すことが、一番時間の節約もできれば、議論がしやすくなる手段の１つであることは疑いがないでしょう。

たとえば、もし、先のストーリーを説明するための「ひな形」（仕組み）がなかったら、組織では、同じ取り組みに対して「言語化」をしようとしても、部署が部署ごとに好き勝手な書きっぷりで、それを表現・説明しようとします。たとえば、ある部署はテキスト形式でザーッと書いただけで、別の部署ではビジュアルを織り交ぜたスライドショーで紙芝居の様にしていたり……などです。

これでは、議論を行う前に、「読み込む」ところからはじめなければなりません。

共通の「仕組み（OS）」で会話ができるということは、これらの無駄な工程をショートカットするために必須の役割を果たしますし、そのことから生じかねなかった「誤解」の撲滅をすることができます。また、同じ「仕組み」が使われることにより、誰がどこの組織に異動をしたとしても、何の支障もなく業務が遂行できる組織文化の形成も可能となるのです。

メリットの3つ目、「ストーリーの実現力」は、ストーリーを実際に展開しようとしたときに、各組織がやるべきことを整理するフェーズで効果を発揮します。

すべての組織は、ストーリーの起点で、態度を変容させた見込み顧客が、自分のステップに来た時に、相手を「次のステップに動かすための」アクション・戦略が求められます。その時、これを具体的に考え、かつ実行できなければ、その作戦プランは「机上の空論」になってしまいます。

一方、これは、ストーリー型のマーケティング訴求の設計を行っていると、多くの企業が陥りがちなポイントでもあるのですが、「ここで、有名な会社の導入事例を説明することで、相手に信頼感を与えたいよね」などと、まさに机上の議論だけで、作ってしまうと、最後の最後、具体的に実行する段階で、「ところで、そんな風に公開の許諾をもらっている事例、ウチの会社のどこにあるんだ？」みたいな事が、冗談ではなく、本当に起こってしまうのです。

なぜなら、戦略を練っている間は、我々はどうしても、ストーリーを美しく成立させるために「理想のケース」を考えてしまいがちになるからです。しかし、どんなに理想的なストーリーを作っても、結局我々は、実際には手持ちのカードでしか勝負ができません。

その点、ストーリーをパッケージ型に固める作業を「先に」行っていれば、「あれ、ここでやろうとしていること、実はできなくないか？」と、立ち止まって、考え直すことができます。

それに伴い、前後のストーリーについても一緒に考えなおす……と言った「場当たり的に稼働していたら、絶対に後戻りできなくなるような局面」を事前に回避することができるようになります。つまり、ストーリーに「絵に描いた餅」にならない「実現力」が備わるのです。

4つ目の「プロセスからの勝ちパターン形成」についてですが、これは、パッケージ型のストーリー戦略における、もっとも大きな特徴の1つと言っても良いでしょう。

つまり、これまでは、ある施策に対して「良かった」「悪かった」など、結果だけで判断していたのを、そのような大雑把な話ではなく、パイプラインとプロセスで評価できるようになります。

つまり、「パッケージ型のストーリー」が、展開されるとき、我々はその成果について、「点」ではなく、組織を横断する「線」で評価することができるようになるということです。

たとえば、先ほどの章の、私が扱っていた商材のサンプルケース、「リサーチを探していた人」に、「まだ、記事広告の成果をリサーチで行っているのですか?」とか、「認知広告の成果を知るために、リサーチ以外の手段があることを知っていましたか?」などと、具体性のあるメッセージを送った話について、もう一度、「プロセス」と言う視点で、考えてみましょう。

まず、この送付されたメッセージを見た相手が、興味を抱いてクリックしたり、メールを開封して、中身を読み込んだ場合、その人は、この訴求に「興味がある」事が分かります。これが、「ステップ１」の状態です。

その中身に反応した人は、必然的にＷｅｂサイトにやってきます。彼らは、その「新しい方法について」サイトを確認し、具体的にどういうサービスなのか……などの知識を得ていきます。

ストーリーが正しく機能していれば、ユーザーはページをさらに読み込んで、いわゆるＷｅｂサイトの回遊率や、リピート率は向上することでしょう。逆に、Ｗｅｂサイトの内容がユーザーの期待からかけ離れていれば、ユーザーはそのまま離脱することでしょう。

つまりここを超えれば、ステップ２と言えます。

さて、ある程度Ｗｅｂサイトを読み進めて、その中身に納得をして、さらにユーザーが興味を示したとしましょう。そうすると、その方は「具体的な導入イメージ」や、「事例集」

と言った、より詳細な情報を取りに来るはずです。

ここに至れば、このユーザーはステップ3と言えるでしょう。

そのユーザーに、今度はコチラから連絡を取ったとして、彼らが具体的に悩んでいることを聞き出し、コチラの解決手段を提案することで、詳しい話を聞かせてほしい……となれば、フェーズはさらに動くでしょう。逆に、その時の会話の内容が、お客様にとって、あまり魅力的でなければ、商談の機会を得ることは難しいかもしれません。

この状態で、ステップ4。ほぼ、「見込み顧客」と認識できることでしょう。

最後に、お客様と直接相対し、具体的な「お客様のケース」を説明し、納得いただき契約に至る。この状態までくれば、クロージング（ステップ5）となります。

このように、パッケージ化された戦略は、「全体のプロセス」を繋げた、一本の組織を横断する「横長の型＝パイプライン」になっています。

だからこそ、工程ごとに進捗と、次への遷移率を数字で管理できるため、組織がバラバラに稼働していたとしても、どのプロセス（部署）のところで、問題が起こっている……と言うのが見えやすくなります。その結果、部署間にありがちな責任のなすりつけ合いにはなりにくく、改善も、問題が起きているボトルネックに対してピンポイントに行えるのです。

最後に５つ目の「自社の勝ちパターンを見つけられ、ポートフォリオも組めるようになる」ですが、「きっかけ〜商談を作るまで」のストーリーをパッケージで構築しているとき、我々は、その中身を４つ目のメリットのようにプロセスで管理するだけではなく、そもそもの訴求軸（パッケージ）ごとの、パフォーマンスを比較することで、勝ちパターンを厳選していく事もできます。

具体的な例でお話ししましょう。たとえば、三章で紹介した「美容せっけん」の売り方が、「毛穴の黒ずみを気にしている人に届けるべきなのか」、それとも、「美しくなりたい人に訴求すべきか」という問題。これは、２つのパッケージ戦略を展開し、どちらが、成果（売上）を残せるのか？　を純粋に比較すれば、シンプルに先の社内論争に、終止符を打つことができます。もちろん、勝ち残ったストーリーが、今後の販売戦略の「勝ちパターン」になっていく……と言うことです。

つまり、「市場に答えを求める」という、マーケティングの本質に即しつつ、社内の誰もが納得するアプローチで検証を行うことが出来るということです。その検証も「どちらが勝ったのか」というシンプルな判断軸で考えられるのです。

だからこそ、その企業は、より幅広く「勝ちパターンの模索」をすることが可能となるのです。

3.ストーリーをパッケージ化せずに行う施策展開は、ただの「思い付き」

・正しいメソッドで体系化する重要性

実際に、ストーリーをパッケージ化するためには、先のメリットで紹介した通り、これまでの経験や知識を、言語化、仕組化し、体系化していく必要があります。パッケージングと、体系化とは、一対のものだからです。

具体的な作業としては、組織の中にあったり、各営業がもっていたりする「なんとなくこう……」という、経験や、勘と言った暗黙知の部分から、設定した独自性に基づいたうえで「価値」を取り出し、順序だてて、ストーリーの展開として、説明できる状態にしていきます。

また、カタチとしては、社内折衝や、部署間の共有、自分の知識の言語化の補佐、あるいは、それを記録に残す……と言う役割を果たすためにも、専用のワークシートなどを用意して、共通言語化していくことをお勧めします。弊社では、自前のテンプレートを、**パッ**

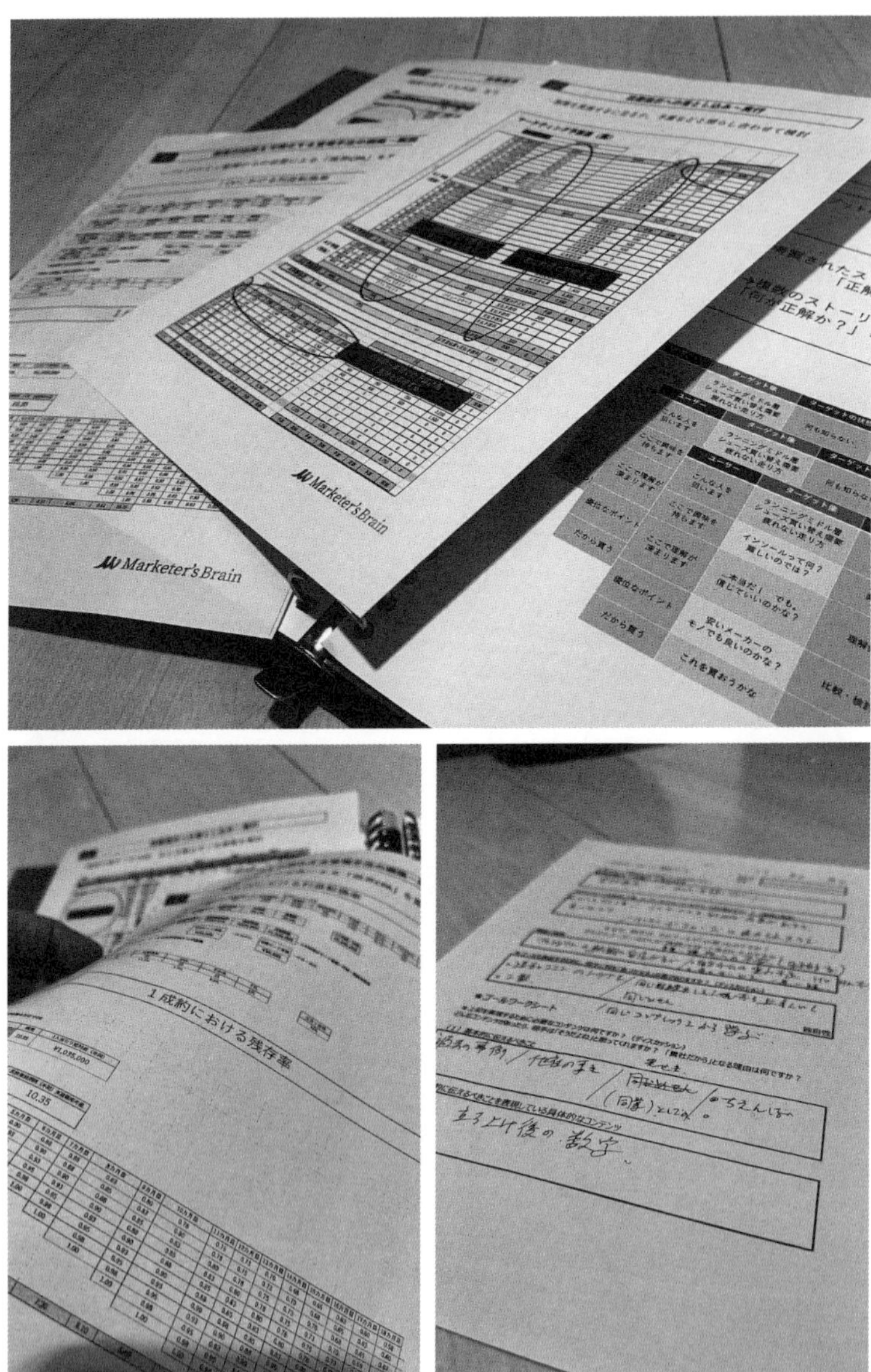
Marketer's Brain
Marketer's Brain
ランニングミドル層
シューズ買い替え需要
疲れない走り方
インソールって何？
難しいのでは？
一本当だし、でも、
信じていいのかな？
安いメーカーの
モノでも良いのかな？
これを買おうかな
だから買う
比較・検討
1成約における残存率
ゴールワークシート

ケージングメソッドと呼んでいます。

自社が展開する現代型のビジネス、ビジネスの仕組みのデジタル化を成功させるためには、貴社は、「言語化、仕組化、数値化、プロセス化……」と言った、これまで説明してきた、あらゆる対応を行う必要があるのですが、**パッケージ化の作法にならい、自社の価値を正しく見出した体系化をすると、先に説明した、５つの大きなメリットを一気に得られるようになるからです。**

ここで、ひとつ注意頂きたいことは、適当に、世の中に落ちている「カスタマージャーニー設計シート」などを、たいして意味も理解せずに転用するなど、外見だけを真似するようなことは、くれぐれもしないように……と言うことです。

本書でもいくつかのケースを書きましたが、それは、言われるがまま、広告を出すことだけをマネしていたり、戦略を持たずに場当たり的に対応していたダメ企業と何も変わりません。

むしろ、「下手の考え、休むに似たり」と言うやつで、良くわからないものを、良くわからないまま使うと、自分の組織のみならず、周りの組織も巻き込んだ大混乱を起こすことになります。

実際、私のお客様でも、初回のコンサルティングで、過去に私が別の事業部などに配布していた、パッケージングメソッドのワーク用紙を自主的にコピーし、記入されたうえで、「自分なりに考えてみたのですが、いかがでしょうか……」と、会議の冒頭で持ち込みをしてこられる方が、たまにいらっしゃいます。

その努力は素晴らしいと思う一方、残念なことにほとんどのケースが「申し訳ないのですが、完全にやり直しですね。これ……」というレベルです。正直、まるで本来の趣旨とは違う使い方をされている方がほとんどで、正しい使い方でシートが埋まっていたことは、ほぼありません。

正しい手段を活用して行わず、したがって正しい考え方もできず、結局、体系化されなかったものを、ストーリーのパッケージ「っぽく」してしまうと、いざ、マーケティングの戦場に出ても、思うような成果は出せなく、時間とお金だけを延々と浪費していくことになります。

結果、その隙に、競合他社に、まんまと市場を勝ち取られ、社内でも「マーケティングなんて、全然意味がない」と信頼は地に落ち、予算も回収され、マーケティング組織が、どんどんジリ貧の状況に追い込まれ、ビジネスのデジタル化は夢のまた夢となってしまう……と、こうなってしまっては、何のために努力をしたのかすら分かりません。

デジタル広告の世界は、いま最も勢いのある市場でもあります。そのような市場だからこそ、ストーリーをパッケージ化せずに「いい加減な、思いつき」だけで行う、戦略性の低いマーケティング施策は、どんどん淘汰されていくことを忘れないでください。

ストーリーをパッケージ化せずに行う施策展開は、ただの「思い付き」……などと書くと、言いすぎに聞こえるかもしれませんが、競争に打ち勝つためには、どんなジャンルであれ、理論は必須です。

現代型のビジネスを成立させるための、「強い」マーケティング戦略とは、単発の施策ではなく、貴社の組織全体を「マーケティング組織」として動かす、しかも、冒頭でお伝えした通り、そのために「広告宣伝費」という、大きな資金までをも投じる「販売戦略」です。

だからこそ、そこには、理論に裏打ちされた、しっかりとした戦略が必要になるのは当然のことです。もし、それができなければ、貴社のビジネスの仕組みのデジタル化は、いつまでも進展することは無いでしょう。

現代型のビジネス、ビジネスの仕組みのデジタル化が出来ている企業に共通することは、「自社の強みや、魅せ方、そのプロセスや、計測する内容、打ち手に至るまでを、客観的、かつ論理的に理解しており、それを実現させる組織、体制が備わっていること」です。

自分で、自分のやっていること、上手く行っている理由をきちんと理解しているため、施策で躓く事があっても、自ら立ち直るまでが早いのです。

一方、ダメ企業は、運や勘、他人の成功体験に頼って、模倣だけをしてしまっているので、ひとたびつまずくと、どうしていいのかが分からなくなり、スランプが長引くのです。

論理的に説明できない、ストーリーにすらなっていないマーケティングが実施されているとき、それはもはやマーケティングではなく、ただの「結果は、神頼み的なプロモーション施策」にすぎません。

たとえ、一時的な成果が出ても、理由すら分からず、再現性すらも無い……となると、これはもう不幸としか言いようがないでしょう。

また、当然そんな組織でマーケティングを動かしていれば、「勝ちパターン」などは当然形成されず、したがって企業として継承もされず、いつまでたっても「場当たり的な」不確定要素を多分に含む「評価されないマーケティング組織」が出来上がってしまうのです。

なお、当然のことながら、「ビジネスの仕組みのデジタル化」におけるすべてを体系化することは現実的に不可能でしょう。

現場で、数々の実戦経験を積んだものだけが持つ、野生の勘のようなものが存在することは事実です。しかし、大事なことは、そういった「勘や経験」を、そのままにすることを「あたりまえ」とはせずに、少しでも、企業、組織として継承していける「型」を作っていく事です。

そして、その「型」を、組織を横断して、展開し、日々研鑽できる、自走できる「文化」をつくることが、貴社の最終目標であることは、忘れないでください。

弊社では、実際のパッケージ化の構築作業は、（環境が整っていれば）最短３ヶ月、おそくともおおよそ半年後までには、実務に乗せることができています。そのうえで、勝ちパターンを形成して、それを文化として、組織に継承していく工程は、半年～１年かけて行っています。

ご興味のある方は、詳しくは弊社のＷｅｂサイト（https://marketersbrain.co.jp/）をご確認ください。

4.ストーリーの「一貫性」が連携する組織と文化を創り出す

・現代型ビジネスの飛躍に、大きな力を与える「一貫性」

たかが、ストーリーのパッケージングメソッド……と、思われるかもしれませんが、これが、企業にとって大きな成果を生み出します。

また、パッケージ化されたストーリーには、副次的な効果があるのですが、それが、**「そもそも、ほかの組織を巻き込んで話を進めるお願いが、比較的しやすくなる」**という点です。

二章でお話しした事例などでは、多くの企業が、B~Dゾーンにおける、「その場での成果の最大化」を目指すうち手を、あの手この手と、繰り返していることが明らかになりました。

実は、こうしたことはよく見られることで、ビジネスの仕組みのデジタル化が出来ない企業に共通することと言っても過言ではありません。彼らは、心のどこかで「いずれかの施策は当たってくれるだろう」と、期待してしまっており、抜け出せなくなっているのです。

本書では、そうなることを回避するために、「価値を、ストーリーに落とし込んで、具体的に訴求しなければダメですよ」と、何度も、説明してきました。しかし、いざ、これをマーケティング組織がやろうとすると、実は非常に高い壁にぶち当たります。

それが、「ほかの組織を巻き込まないといけない」と言うことです。

実際、弊社にコンサルティングの相談を頂く段階では、多くの方から、組織についての不安「他部署を巻き込んで、展開していく事が大変そうだ」とか、「自分たちが、正しいと思っていても、組織内を説得することが、まず難しそうだ」という声をよく聞きます。やりたいけど、出来ない。なんだか、非常にじれったい問題に見えますが、ことの本質はシンプルです。要するにご相談頂く時点では「他人に説明（アウトプット）し、説得ができるレベルで体系化が出来ていない」ので、自信がないだけです。

確かに「この施策なら成功しそう！」「弊社なら、ここでは実績が出せそうだ」と、当事者だけが思う程度の戦略では、部署として単発の施策を展開することは出来ても、初期接点から受注までを組織全体で構築・横断するようなストーリーを展開することは、とてもできません。

ここで必要なのは**「すべての組織にとって、一貫性を持った戦略」**を組みあげることです。

実際問題、ひとつのマーケティング戦略で、受注までを見据えたコミュニケーションを構築することは、思いのほか、大変なことです。

戦略を組みあげた経験のある方ならわかると思いますが、マーケティング戦略における方向性、具体的な訴求案、キャッチコピー、展開する媒体、営業のトークスクリプト、提供する資料など、受注までに関わるすべてに「組織を横断できる一貫性」を持たせる必要があるからです。逆に言うと、それ無くして、他の組織を巻き込むような施策は、説得も、実行もままなりません。

しかし、いくら大変だからと言って、この「組織を横断できる一貫性」を持つことを諦めてしまうと、結局は、ミクロな部分（自組織の守備範囲だけ）にしか目が向かず、次第に本質を見失い、最終的には「目先の件数を達成するためだけの」デジタル施策に染まることになります。

たとえば、それは、金融のブラックリストに載ってしまっている、あるユーザーが、「誰でも作れるクレジットカード」みたいなキーワードを検索したとして、クリック率と、申し込み率の高さだけに着目した、クレジットカード会社のマーケティング担当者が、「弊社なら力になれるかも」みたいな広告を（少しくらいなら……）と、勝手に掲出してしまうようなアクションです。

それは、お客様は、もちろん申し込みは出来るものの、(あたりまえですが)実際の審査は、絶対に通らない……と言う未来に繋がるのですが、「組織の一貫性」を無視して、個別（部分）最適化を付き進めてストーリーを形成してしまうと、この事例のような、全社から俯瞰してみれば「いやいや、普通にありえないだろう、この展開は」と、ツッコミを入れてしまうような、後工程の努力が、すべて徒労に終わる」冗談のようなストーリーが、本当に形成されてしまうのです。

・貴社の商品に価値を感じる人にこそ刺さる「一貫性」

一方で、もし、貴社が「自社の製品・サービスは、こういう良さがあって、このような価値が提供できる」と言ったような「組織を横断できる一貫性」があるストーリーを定められれば、外部に配信されるあらゆるメッセージは統一感を持ち、引き合い後の話の進め方も一貫性を持った、流れるような、組織を横断した営業ができるようになります。

メールを送っても、広告を展開しても、セミナーを開催しても、展示会に出展しても、情報に統一感が出るため、お客様との初期接点から引き合いに至るまでのストーリー、お客様の好みの傾向や、自社に対する理解の深さが、手に取るようにわかるようになります。もちろんそれだけではなく、引き合いが作られた経緯なども把握し、「お客様が次に何を求めているのか」を想像することも容易なため、たとえば、電話をかけてフォローをするときも、会話の内容に困ることはありません。

たとえば、お客様が貴社のサービスの、アフターサービスに特に強い興味を示していて、それに関連する資料を希望されていた場合、当然のことながら、この「引き合い」に対するフォローは、アフターサービスについて、特に重点的に話をすることになります。

あるいは、事例を提示しながら、「それでは、貴社が弊社のサービスをご利用いただいた場合の見積もりも用意しましょうか？」などと、会話を自然に進めていくこともできることでしょう。

このように、基本的には「相手の求めていること＝こちらの提供したい内容」とマッチングができるため、引き合いが発生してから、商談を受注するまでの流れに違和感は生じません。

また、たとえば、そういった展開が「認知施策」の領域まで、入った場合も同様です。

展示会ひとつを取っても、それまで多くの企業がしてきたであろう「とりあえず展示会に出展して、集まった名刺に、メールを全配信で送ろう……」という場当たり的な話にはなりません。

むしろ、「こういう事に困っているお客様がいれば、弊社の商品に魅力を感じてくれるはずだから、次回の展示会には、こういう価値を前面に訴求して出展し、そのことに困っているお客様の興味をひこう」と、これまでと全く逆側からアプローチする設計ができるようになります。

そして、それが、そのお困りごとを持つ（そして貴社が販売を最も得意としている）見込みのお客様にとって、どれほど魅力的に移るか、もはや語るまでも無いでしょう。

「まさに、ここで書かれている通りの事に困っていたのです！」と、問い合わせをしてくるお客様は、すでに貴社の用意した現代型ビジネスにおける、ストーリーの線路に乗っており、クロージングまでの道のりが、更に流れるように行えることは、言うまでもありません。

そんなストーリーをマーケティング組織自らが「一貫性を持って」、体系化して設計、説明できれば、他の組織は、案外「よし、面白そうだ。これならやってみよう」と、動いてくれるものです。

ストーリーをパッケージ化することで「組織全体の一貫性を持たせる」と言うことは、それほど、全体の施策や、組織との関係を変えるほどの大きな力を持っているのです。

・Ｗｅｂサイトも「一貫性」を持って整えよう

弊社でコンサルティングを受けられたお客様には「Ｗｅｂサイトこそ、最初に手を付けてほしい改善点です」と、お話をしています。

どんなに潤沢な広告予算を与えられ、外部に訴求を行ったとしても、デジタルを通じたコミュニケーションで、引き合いを取るためには、貴社のＷｅｂサイト（または個別の商品訴求ページ／ランディングページ）の訪問なくして、成立することは無いからです。

多少、デザインが不格好でも構いません。しかし、Ｗｅｂサイトと言うのは貴社にとっての「顔」であり、様々な人が、お困りごとを胸に、貴社のメッセージに触れ、それが解決できるかもしれないという「期待」を持って訪問する、貴社にとってのデジタルにおける「玄関」です。

その玄関たるＷｅｂサイトが、支離滅裂な情報を掲載していたり、ユーザーの事を何も考えていないような使い勝手だったり、あまりにも専門的な情報ばかりで、一見さんお断り……と言ったような雰囲気を出していたら、どうなってしまうでしょうか。

みなさまも、ご自身がユーザーでもあるからこそ、ご経験があると思いますが、あまりにもわかりにくかったり、不親切だったり、使い勝手の悪いＷｅｂサイトは、どんなに一見して優れたデザインだったとしても「あそこはちょっとなあ……」と、１回訪問をしたきり敬遠し、二度と行かなかった。そんな記憶が、あるかと思います。

お金をかけて集客して、このような印象を持つユーザーを増やしていたとしたら……それは、貴社の「逆ブランディング」に他なりません。

しかし、多少デザインが悪くとも、主張がはっきりし、相手のお困りごとに寄り添うようなＷｅｂサイトであれば、相手は必ず中身を読み込んでくれますし、興味を持って、みずから中身を読み込むからこそ、お客様の理解度と好感度は上がり、最終的には「引き合い」という成果を生み出すようになります。

大事なのは、来訪から、問い合わせ完了までのプロセスにおいて、途中でつまずいてしまうような、情報の不足があったり、余計なコンテンツだらけで、本筋にたどり着けないような導線設計になっていたり、ということを起こさない……つまりここも「一貫性」の順守をすることです。

現代型ビジネスにおける、ビジネスの仕組みのデジタル化とは、そのあらゆる手段が、すべて、自社の「勝ちパターン」に即して、「一貫して」行われるべきものです。

それが出来たとき、貴社のマーケティング全体の施策は、Aゾーンのみならず、B〜Dゾーンにおいても、各々の役割をしっかりと明確にし、相互がつながるような形で外部に展開されることでしょう。

本章では、パッケージ型ストーリーの実務と、その販売・組織との連動について紹介をしてきました。ストーリーを勝ちパターンに進化させるメリットを説明してきましたが、実はほかにも大きなメリットがあります。それは「自信」です。

一貫性を持ったストーリーから生まれた「引き合い」は、先の事例のとおり、実にクロージングしやすい、会話の展開を生みます。その「組織を横断した成功体験」が、マーケティング組織のみならず、企業全体に「我々も現代型のビジネスモデルで商売を作れたぞ！」と自信を与え、さらなる戦略立案、獲得を促進するという、好循環を生み出すことができるのです。

お客様によっては、「ビジネスの仕組みのデジタル化における標準化メソッドを学べただけでも、自分たちのやるべきことをハッキリ理解できました。数値を検証して、他部署や、外部事業者とも対等に議論できるようになったので、本当に自信がつきました」と、言われるほどです。

マーケティングのような「自社の製品を売るための勝ちパターン」と言うのは、誰かに「正解」を教えてもらうものでは無く、自分たちで、他社との競争に打ち勝つために生み出すものです。

だからこそ、世の中にそう簡単に「これさえそのままマネすれば、万事ＯＫ」と言う手段など存在しません。

正しいやり方に準じた、自らストーリーを生み出すための試行錯誤は、ビジネスのデジタル標準化への源泉であり、マーケティング成功への最も重要なファクターですが、根拠のない自信や、思い込みではなく、しっかりした「確信」を得て、他部署をも巻き込んで行けることこそが、パッケージ化の強みと言えるでしょう。

次章では、パッケージ型ストーリーをまとめ上げ、実際に成功を収めている企業の事例に触れていきましょう。

第6章

ビジネスのデジタル化を果たし、大きく飛躍する

マーケティング組織の飛躍が始まる

・受注できなければ、絵に描いた餅

本書では、現代型ビジネスの「仕組み」のデジタル標準化のメソッド、また、それを実現する手段として、マーケティング戦略の構築、パイプラインによる管理、ストーリーのパッケージ化などについてお話をしてきましたが、最後に重要なことが残っています。

それは、どんなにメソッドを活用して、それらを作り上げることができたとしても、実際に受注ができなければ「ただの、絵に描いた餅」になってしまうということです。

受注獲得とはつまり、「売上をつくる」ことであり、営業活動、もっといえば、企業活動の本質です。いかに優れたノウハウがそこに存在していても、結局は売上貢献ができなければ、どんなメソッドも、意味はありません。

弊社に相談に来られる方も、「さまざまなマーケティングメソッドを自分なりに試してみたが、結局、手詰まりになった」と言う方ばかりです。ある意味、誰もが通る道かもしれません。ビジネスのデジタル化を行い、強いマーケティング組織を作ることは、何をもたらすのか。

この章では、そうした事例をいくつか紹介します。実際に、会社の業績に寄与しているので読者の皆様にも参考になりますし、勇気を与えてくれる事例にもなると思うからです。

・システムの「説明書」に「戦略」は書いていない

某大手企業のＫ社は、ビジネスのデジタル化を推進するにあたり、組織を立ち上げてシステムの導入を終えていました。システムには説明書が付属しており、「使い方」については、理解をしていたものの、「使いこなす」と言う意味では、課題に直面をされておられるようでした。

特に、そのビジネスのデジタル化における「戦略を描く」と言う部分については、まったく知見に乏しいいため、ここをなんとかされようとされていたのが、最初にお会いした時の印象でした。

こういった企業様は実は案外多く、どうにかお手盛りで動かしているものの、成果もなかなか出ていないため、いまいち、ビジネスのデジタル推進が滞りがちになります。

しかし、逆に考えれば、こういう企業は環境が整っているので「マーケティング戦略」と言う潤滑油が入るだけで、成果が一気に動き出すことが多いことも、また事実です。

このK社様においても、ストーリーのパッケージングを行ったのですが、彼らにおける非常に優れた点は、とにかく学ばれる姿勢でした。

教わることをただ、模倣するのではなく、自分たちなりに考えてカタチにして、何度でも議論をされる。そういった、推進に関する前向きな姿勢もあり、同社でのビジネスのデジタル化は、少しずつではありますが、確実に進んでいたことを今でも覚えています。

そんな折、転機が訪れました。コロナウイルスの影響により、同社が出展を予定していた大規模なリアル展示会が中止の憂き目にあうことになったのです。おおよそ、開催の2～3か月前くらいだったと記憶しています。

その時の会議の様子は、今でもよく覚えていますが、もともと、例年通りの出展計画で、掲示されるパネルの訴求内容などが検討されていた矢先に中止が決まったため「予算も急に浮いてしまい、どうしたものか……」という感じで、お悩みの様子でした。

その時点で、私の頭に浮かんだことは、「ああ、こういう時こそ予算を使えるし、良い機会かもしれないぞ」と全く逆の発想だったのですが、それが、おそらく国内初、と言うくらいのレベルで早期に展開された「オンライン展示会」と言う施策でした。

オンライン展示会とは、つまるところ、「ストーリーのパッケージ化」を集約させた、「お悩み」から探す、K社の製品紹介の祭典……と言ったような施策・展開でした。
当然、それを成すためには、ある程度の「経験」と実績、そして計測と改善が出来る環境と体制がなければ、実行は出来なかった訳ですが、K社は、ここまでに非常に前向きに取り組んでいたため、ほぼ「何とかなる」という状態まで来ていましたし、実際、この施策にチャレンジし、この取り組みを見事に成功させました。

その成果は、某業界新聞の社説にて「本格的な商談に発展するケースも数多く見受けられたという」と紹介されるような、まさに「売上寄与」の言葉と共に記事化されたほか、某大手経済新聞の一面でも、その取り組みを紹介されるなど、特にコロナ禍における「ビジネスのデジタル化の変化に対応できた企業」として、評価されるまでに至ったのです。

正直、個人的には「オンライン展示会」と言うのは一つのバズワード（流行り言葉）みたいなもので、この取り組みを、いまから新たに様々な企業で行ったところで、当時ほどのインパクトは出せないと思っています。
ただ、マーケティングとは結局、誰よりも早く、有利なポジションをとることがとても重要なことで、K社の場合は、それに、**誰よりも早く取り組み、「成果」という形にした**

ことに、何よりもの価値があります。

ただし、これは「偶然」発生したことではありません。同社は、それを成しえるだけの、素地を着実に構築していた。**つまり、「計画」は確かになかったのですが、そこに「準備」はあったのです。**

それが、K社の実力だったことに、疑いの余地はありません。

むろん、私は支援をしていたので、そのキッカケは与えさせて頂きました。しかし、結局、K社で、「ビジネスの仕組みのデジタル化」が達成され、自分たちのパッケージを展開、成功できた最大の理由は、なによりも、**K社が持つ、人材力や、商品力、企業文化といった独自資産が、「本来の実力を発揮できるようになったから」に他なりません。**私が指南したのは、あくまでも「お作法」。その、「力を発揮するためのやり方」に過ぎないのです。

本件は、ビジネスのデジタル化、およびマーケティング組織の構築における標準化メソッドが、企業に大きな成果をもたらした素晴らしい好例と言えるでしょう。

・腰を据えるようなマーケティング組織が現存しなくても成果は出せる

いきなり強烈な言葉ですが、このセリフは、某Y社における担当のSさんが、私に案件の相談の席で、申し訳なさそうにお伝えしてきた、「デジタル化のジレンマ」についての相談でした。

まさに本書の冒頭でお伝えした、「鶏が先か、卵が先か」と言ったような、成果が先か、予算が先か……という状況で始まったのが、Y社の支援でした。しかも、同社は当時「マーケティング部」が存在せず、Sさんは「もともとの部署の名刺を持ちつつ、兼務から」のスタートでした。

Y社で非常に面白かったなあと思いだせるのは、Sさんとのやり取りです。コンサルティングを続けるなかで、実に様々な取り組みについて、数値化をしようとした際に、「でも、これ出来ないよな」と、ご自身の知識の範囲で、あきらめられていたのです。

しかし、それらすべての指標は、私からすれば、実は、少し発想を変えれば、数字に出来るものばかりでした。そこで、具体的に「こういうやり方をすれば、数字にして、可視化が出来ますよ」と、ひとつずつ丁寧にひも解いてお伝えしたところ、表情が、パッと明るくなったことを今でもよく覚えています。実際、それらの導入後は、社内のコミュニケーションの速度、とくに上申して、稟議、決裁を取る速度は飛躍的に向上されたと言います。

この「スピード感」というのも、特にビジネスのデジタル化においては非常に重要なことで、「何かが起こった時に、すぐに判断して対応する」と言うことは、そのスピード感が高い分だけ、成果にも直結していくのです。

事実、同社では代理店を活用されていたのですが、これらの知識と指標を得たことで、「①明快なルール、②公平な判断軸、③具体的な議論」が実現し、同社の外部ベンダーとのやり取りは、実に「内容のあるもの」に激変していきました。

そして、その後Y社は、数カ月連続で「過去最高」を更新し続け、その勢いはとどまるところを知らず、最終的には、同社の実績は、当初予算比の2倍超に。

その後、上方修正した修正予算もクリアするという、偉業を成し遂げ、Sさんは、取り組みを始めてから6か月後には「データマーケティング部」にて陣頭指揮を執り、部下を持たれ、（そしてもちろん）専任マーケターとして活躍されるに至ったのです。

いかがでしたでしょうか。上記で紹介させて頂きました事例は、あくまでも弊社のクライアント企業様のものであり、守秘義務も存在しますので、許諾を頂けた記事のほんの一部、弊社のＷｅｂサイトの「クライアント企業様 コンサルティング事例集」（https://marketersbrain.co.jp/usecase/）や、実際のマスメディア等の公開情報から抜粋したものとなりますが、それだけでも、ビジネスのデジタル化が、企業に何をもたらすのか？　は、ある程度、ご理解いただけたのではないかと思います。

実際、現在も、企業名は非公開ながら、多種多様な業界を担当・支援させて頂いておりますが、まだまだ真の意味で「マーケティング組織」が完成している企業は少なく、しかしそれは同時に、「伸びしろ」があることも意味しており、さまざまな企業にビジネスチャンスが眠っているのが、日本の現状であると、強く感じております。

弊社にご相談を頂くお客様は、業界も事業規模もマチマチですが、ひとつ、大きな共通点があります。それは、みなさん「本気で、ビジネスのデジタル化をし、自社の中にそれが出来るマーケティング組織を作りたい」と言う、強い意志があるということです。

派手な施策をやって、メディアに取り上げられたいとか、ノウハウだけちょっと聞いて、楽をしたいと、言った事ではなく、本物の「渇望」を持って、相談に来られる方が非常に多いのです。

これは、現状に対する危機感だけではなく、「なんとかしないといけない」と言う使命感もあってのご判断だと思います。これまで、さまざまなデジタル化の壁にあたる中で、「結局は、自分たちがモノにしないといけないのだ」と言う事実に気が付いたような、強い決意を感じるのです。

私はいつも「みなさまが、自分自身で戦略を構築し、自走して、私のようなコンサルタントから卒業するのが、みなさまの最後のミッションですよ」とお伝えしています。

マーケティング戦略を構築し、施策を展開し、売上が上がる経験をされることは、ビジネスのデジタル化においては、スタートラインにすぎません。

そこから、自社ならではの勝ちパターンを構築し、ビジネスのデジタル標準化を成し遂げ、その文化を、横の組織に展開し、あるいは自分が現場を抜けても回るように、後任に継承していく。そういったプロセスを成立させてこその、「営業のデジタル化」、および「ビジネスと経営の加速」を実現させる、「強いマーケティング組織」だと思っています。

現代型ビジネスにおけるマーケティングとは、常に数字と向かい合う世界です。

しかし、その数字の裏側には、たくさんの人間が関わっており、彼らの成果によって、その指標の数字が動いていきます。**結局は、デジタルと言っても「人間と人間が行う仕事」であり「人間が人間と関わってモノを売る」ことは、大昔から、変わらないのです。**

組織同士が信頼しあい、連携し、協力して「そもそも、貴社に存在しつつ、営業の経験や引き出しとして認識されてきた感覚的な何か」を体系化する。そして、その戦略から生まれたストーリーをお客様に届け、魅力を感じてもらう。

それが、立派に果たされた時、貴社ビジネスの「仕組み」のデジタル化＝「成果を上げる現代型マーケティング組織」は、マグロの話でお伝えした事例のように「買ってください」と、こちらが言わなくとも、相手から「これが欲しかったんです。ありがとうございました！」と、言われるような、引き合いを生み出し、理想の「現代型ビジネス」を実現することでしょう。

そんな、「誰もが幸せになる商売の在り方」、が、本書を手にされた方により、組織にもたらされることを念じてやみません。

あとがきに代えて

いまから約4年前、当時某社でマーケティング部長として、数々のカンファレンスに登壇していた私は、セミナーを通じて、自社のシステムを活用して実現する、みずからのマーケティングメソッドをお話しし、多くの企業の業績改善に寄与しようとしていました。

もちろん、それ自体にも一定の効果はありましたし、システムを導入していただく機会も相応にありました。しかし、その一方で、システムの導入を、条件を満たすにもかかわらず、どうしてもされないお客様が「一定数」存在し、私は「なぜなのだろうか」と、疑問に感じていました。

そんな折、あるセミナーの終了後に、ある方に声を掛けられ、こんなことを言われました。

「あなたの話には共感するし、私も貴社のようなマーケティングがしたい。しかし、弊社のリソースでは、それが出来ないと思います。我々には、そもそもの知識と経験が足りないからです」

これは、当時、某有名企業のマーケティング部長の名刺を持つ方に言われた言葉です。

聞けば、その方は、これまでのキャリアは、マーケティングとは関係なく、たまたま、異動辞令に伴い、その席につくことになった……との事でした。

そこでハッとしました。自分は、たまたまキャリアのほとんどがマーケティングに近いところにいたのですが、日本の多くの企業は、そうではないのだと。だから、自分が「あたりまえ」だと思っていた組織論、戦略論の多くは、多くの企業にとって、あたりまえではなかったのだと。

その後、よくよく注意をそこに向け、さまざまな方の話に耳を傾けてみると、確かに、そういった話は、彼に限った事ではありませんでした。私は、その年に50回以上登壇したのですが、大小さまざまなセミナーに登壇した後に、聴講者の方に質問をしてみると、やはり、同じような反応を続々と頂くことになったのです。

そして、私は、そういった切実なお悩みを聞くたびに、喉まで出てくる「いや、それは、きっとどうにかできる話です。私に手伝わせてください。きっと、御社を変えることが出来ます」と、言いたくなる衝動を、どうにか（当時では実現不可能だったという事情もあり）抑えていました。

しかし、そんな中で、日に日に思うようになったのです。

「私は何をやっているのだ。自分なら、助けられるかもしれない人が目の前にいるのに、なぜ、自分の力を使って、助けてあげないのだ。私が、本当にすべきことは何なのだ」、と。

そこで、紆余曲折の後、私は小さな副業として、世の中の「マーケティング組織の構築」に対して、アプローチを始めることにしました。需要はある気がしていましたが、実際のところはどうなのかもよくわからなかったので、とりあえず、出来るところから動き出したのです。

結果は、予想以上の反響でした。そして、そこで仕事をすればするほど、「これは、本腰を入れないとまずいぞ」と思い、独立、事業化をするに至ったのです。

それから3年。たくさんの企業に関わる中で、私自身もたくさんの経験を積み、多くのことを学ばせて頂きました。常に、「ビジネスのデジタル化」という、企業の最優先課題に直面し、それをひとつずつ、確実に遂行していくこの仕事は、普段は決して表舞台に登場せず、確実な成果を求められる、メンタル的にもハードな仕事ですが、その反面、それを果たしたときの皆様の達成感にあふれる顔や、会社の在りようの変化を目にすること、そして、感謝の言葉を頂くたびに、「ああ、やっていてよかったな」と、かみしめることのできる、私にとっての天職だと思っています。

企業が、営業＝ビジネスをデジタル化し、それを支えるマーケティング組織と共に飛躍するために必要なことを、重要な点に絞って書きました。まだまだ、書き足りないことがあることをお詫びするとともに、「デジタルを活用して新規の引き合い、受注を生む、現代型のビジネスを実現したい」、そう思う、方々にとって、本書が少しでも一助になればと思います。

末筆ながら、私に、マーケティングの基礎を教えて頂いた、菅野誠二先生、キャリアの中でさまざまなビジネスを経験させて頂いた上司の方々、副業時代の実績が無い頃から、変わることなく私を信頼し、最初のお客様となってくださった、山下敦氏、そして、独立後に、私に数々のチャンスを与えてくださった紹介事業者のみなさま、あるいはクライアントのみなさまに、この場を借りて、心からの御礼を申し上げます。ありがとうございます。

令和3年　7月吉日

株式会社Ｍａｒｋｅｔｅｒ‘ｓ Ｂｒａｉｎ

代表取締役　デ・スーザ　リッキー

著者／**デ・スーザ　リッキー**

営業および、マーケティング領域において「商い」を、デジタル化し、クライアント企業の業績を急進させるコンサルタント。社内のデジタル化を一気に加速させ、「強いマーケティング組織をつくりだすカリスマ」と称される。

クライアントは年商十億円規模から、個人コンサルタントとしては異例の一部上場企業の指導実績も多く、一兆円を超える企業まで幅広く指導。手がけた案件をことごとく成功させ、期待を遥かに超えた成果を生み出すことで絶大な評価を博す。クライアントからの信頼が厚いのも特徴で、各メディアに指導先名が実名で掲載されており、その評判により指導先は常に10社以上、プロダクトに至っては50案件を優に越え、指導待ちは一年以上になることも珍しくない。

その指導スタイルは情熱的で、経営陣はじめ、時には１００名以上のマネージャー、幹部クラスらを巻き込み、わずか一年足らずで、全社に「商いのデジタル革命」を各社で巻き起こしている。株式会社Ｍａｒｋｅｔｅｒ‘ｓ　Ｂｒａｉｎ代表取締役社長。

１９７９年生まれ、明治大学文学部卒。

小社 エベレスト出版について

「一冊の本から、世の中を変える」―― 当社は、鋭く専門性に富んだビジネス書を、世に発信するために設立されました。当社が発行する書籍は、非常に粗削りかもしれません。熟成度や完成度で言えばまだまだ低いかもしれません。しかし、

・リーダー層に対して「強いメッセージ性」があるもの
・著者の独自性、著者自身が生み出した特徴があること
・世の中を良く変える、考えや発想、アイデアがあること

を基本方針として掲げて、そこにこだわった出版を目指します。

あくまでも、リーダー層、経営者層にとって響く一冊。その一冊から経営が変わるかもしれない一冊。著者とリーダー層の新しい結び付きのきっかけのために、当社は全力で書籍の発行をいたします。

「営業」をデジタル化し、「経営」を加速させる、
「強い」マーケティング組織のつくり方

定価：本体3、080円（10％税込）

2021年7月15日　初 版 印刷
2021年8月2日　初 版 発行

著　者　デ・スーザ リッキー
発行人　神野啓子
発行所　株式会社 エベレスト出版
〒101-0052
東京都千代田区神田小川町1-8-3-3F
TEL 03-5771-8285
FAX 03-6869-9575
http://www.ebpc.jp

発　売　株式会社 星雲社（共同出版社・流通責任出版社）
〒112-0005
東京都文京区水道1-3-30
TEL 03-3868-3275

印　刷　株式会社 精興社　　装　丁　MIKAN-DESIGN
製　本　株式会社 精興社　　本　文　北越紀州製紙

 ISBN 978-4-434-29234-7